中国人の胃袋

日中食文化考

張競
Cho Kyo

basilico

編集：川村伸秀
装幀：坂川事務所

目次

はしがき　8

一　鳳凰を食べる国

蛙の感傷　18
食《ク》ッキングな季節感　21
環境にやさしい食べ方　24
やがて懐かしい蛇の肉　26
天然記念物を食べる　28
スッポンは姿蒸しに限る　31
子年の叫び声　35

二　食の歳時記

正月——縁起かつぎの食品たち　40
元宵——月と明るさ競う灯籠の祭り　46
清明——草団子に思いを託したことも　50
立夏——食卓に「鹹鴨蛋」と「酒醸」　54

端午――名高い「嘉輿ちまき」も今は　58
小暑――初物買いの行列も思い出に　62
大暑――暑さからの一時の解放求め　66
七夕――裁縫の上達願う「乞巧」の祭り　72
重陽――髪には茱萸、酒には菊花を　76
立秋――秋ナスの俗説　80
寒露――食卓囲み蟹を賞味するひととき　83
臘日――好みの食材をふんだんに　87
冬至――いまも日常生活の節目　91

三　**中国・日本・韓国の食卓から**

生で食うか炒めて食うか　96
箸の美学と箸の作法　100
豆腐の落とし穴　103
しんどい通過儀礼　107
断りたい祝福　111

花よりラーメン　115

四　酒三題

紹興酒の涙　120
酒の飲み方　123
日本酒につばさを　127

五　食から見た中国の歴史

食の恨み　132
日本風中華ラーメン　137
啓示的な発見　141
胃袋の適正サイズ　144
宮廷人たちの食卓　153
食糧難時代の中華料理　159
むだのなかに隠された合理性　168

六　食べるは楽し、作るもまた楽し
日曜コックの楽しみ　182
焼餅を焼くのもまた楽しからずや　185
旅の食物、食物の旅　192
中国の蕎麦の作り方　200
中国風のおにぎり　209
「油条」の歴史を追って　218
食卓をにぎわす魚たち　227
あとがき　244
初出一覧　249
著者プロフィール　250

はしがき

日本と中国は海を隔てた隣国であり、過去には長い往来の歴史がある。文化の面において多くのつながりを持っており、どちらも儒学が文化史において重要な地位を占めている。ともに漢字を用い、食事には箸を使う。近年、地球経済一体化のなかで相互依存はますます深まっている。

しかし、両国の文化は本質的に異なり、生活習慣も大きく違う。むろん、一口に中国あるいは日本とはいっても、地域によって風土や習俗が必ずしも同じではない。しかし、仮に文化の平均値を抽出することができれば、日中間の平均値の違いのほうが遥かに大きいであろう。

ここ二十数年来、中国社会には天地がひっくり返るような大変化が起きている。以前に比べて、生活文化の面でも大きな違いが生じている。一方、日本もバブルの崩壊と経済の再生や規制緩和などによって、社会構造や人々の考えが大きく変わっている。日本にとっても中国にとっても相手のことを知ることは、以前にもまして重要な課題になっている。

文化の違いはさまざまな面にあらわれているが、なかでも〝食〟ほど文化の相違点をもっとも濃縮した形で表出したものはない。食はその土地の風土の産物であり、おおむねその文化に所属する人たちの発想や好みを反映している。今日、グローバリゼーションに伴い、ファーストフードや輸入食品が急増し、海外の食品を口にする頻度は以前に比べて遥かに多くなった。それでも、食文化の基本となるものは、文化ごとに大きく異なっている。

普通、わたしたちは栄養を摂取するために、あるいは食欲を満たすために食物を口に運ぶ。食べるものはまるで空気や水のように馴染んでいて、ふだんはほとんど意識しない。ところが、いざ違う文化の食物を口にすると、すぐに気づいてしまう。

異文化の食に接するとき、おおむね二つの反応が起きる。食欲がそそられたり、好奇心が掻き立てられたりするか、あるいは逆に、違和感や嫌悪感を覚えたりする。

使う材料に馴染みがあり、出来上がった料理に特別な匂い、あるいは異様な外見や色さえついていないかぎり、人々はだいたい受け入れることができる。鶏肉料理や魚料理はどこの文化のものであろうと、拒絶反応を引き起こす例は珍しい。

一方、「常識」を超えた料理は受け入れられにくい。カタツムリを食材とするスペイン料理を目にしたり、中国のレストランでヘビ料理を見たりするとき、誰でも一瞬どっきりするに違いない。フランス料理と聞くと、イメージ先行でたいていのものは受け入れられるが、それでもブルーチーズや、ウサギのシトロンソースが苦手な人はいるであろう。

日本の中華料理は水準が高い。わたしはこれまで欧米や日本の二十カ所以上の都市で中華料理を食べたが、もっとも美味しいのは東京である。それだけ、日本人の舌が肥えていて、中華料理の味に詳しいと言えよう。しかし、それは中国の食文化をよく知っているかどうかとは別問題だ。中国の食文化について、むしろいまでも知られていないことが多く、また先入観も誤解も少なくないであろう。

一つは中国のいわゆる悪食《あくじき》についてである。日本では中国人は下手物《げてもの》が好きだというイメージがある。確かに中国には犬や猫を食べたり、ヘビやサソリを好んだりする人はいる。しかし、まったく口にしない人も少なくない。一九八〇年代まで、中国のほとんどの地域では犬もヘビも食べなかった。

下手物の流行は比較的新しい現象である。たとえば、ヘビ料理が中国の大都市で流行し始めたのは、一九九〇年代以降のことである。文化大革命の前、ヘビを食用する習俗は広東に限られており、北京や上海などの都市のレストランでヘビ料理が出るのは、想像もできなかった。もともと長江下流地域にはヘビを神とする土俗信仰があり、ヘビを殺したり、傷つけたりすると、災いが降りかかると信じられていた。

ヘビが食卓に上ったのは、改革開放政策が実施され、経済が大きな発展を遂げた後である。南北の人員の往来や香港のビジネスマンの急増が理由の一つだが、外食業の激しい競争も下手物の登場を促した。たえず目新しいメニューを提供しないと、客を惹きつけることはできない。そのような過剰な競争も、下手物料理の流行の下地を作った。

ここ二十年来の悪食は、中国独特の「接待文化」とも関係している。中国でビジネスをするとき、欠かせないことは「吃喝《チーホー》」つまり「飲み食い」である。美食を並べた食卓を囲み、上等な酒を飲まないと、商談が成り立ちにくい。多くの接待は高額で、形の変わった不正とも言える。しかし、法に抵触しないため、いまでもビジネスの世界では横行している。

ところが、どのような美食でも毎日食べると、必ず飽きてしまう。すると、接待する側があの手この手を使って新奇なメニューを考え出そうとする。美味しいだけでなく、珍しいものでなければならない。そこで、ヘビ料理や犬肉料理が登場したのである。もともと漢方医学ではヘビや犬の肉は「薬」と見られており、それに宗教的な禁忌もない。そのような文化的な背景も下手物の普及を助長した。

中国語には「野味」ということばがある。もともと野鳥や野獣など、猟でとれた獲物のことを指すことばだが、ふだん口にしない動物を料理の材料とするとき、一括して「野味」という。ヘビ料理や犬肉料理の次に登場したのは、この「野味」である。キジ、雁、クジャクなどの野鳥の肉から、野ウサギやシカやノロなど野生動物の肉が珍しい食物としてビジネス接待の食卓にのぼるようになった。ＳＡＲＳが流行するきっかけとなったハクビシンもその一つである。

もともと接待は一種の贈収賄だから、高価なものでないと意味はない。「野味」は珍しく、入手しにくい分、値段も高いが、接待にはぴったりの食材である。「野味」が食卓に出ると、食事中の話題も豊富になり、主客のあいだのコミュニケーションを深めることにもなる。

食に対する感覚において、日本と中国のあいだに大きな違いがある。「敢吃《カンチー》」という中国語がある。直訳すれば「何でも食べる勇気がある」という意味だが、実際は「男らしい」「豪放」というニュアンスがある。誰も食べる勇気のない「料理」を、物怖《ものお》じせずに口にすると、男の武勇伝として語り継がれる。サソリ、カタツムリ、ひいてはネズミやミミズの料理が登場したのも、そのような特殊な文化心理とかかわりがあるであろう。

ただ、一部の地域を除いて、そうした「悪食」はほとんど外食に限られている。普通の家庭で日常的に食べられているわけではないし、多くの人はむしろ嫌悪している。

本書の第一部「鳳凰を食べる国」では、そのような悪食の話題を取り上げているが、右に述べた文化背景は一つの前提として知っておくと、中国の悪食について理解を深めるのに役立つであろう。

歴史のなかで文化はずっと変わらないのではない。長い年月のなかで、緩やかに変化する時代もあれば、急速に変わる時代もある。いまの中国では文化が激変する時代を迎えている。わたしは一九六〇年代に少年時代を過ごした。小学生の頃には民間の旧《ふる》い習俗がまだ色濃く残っていたが、成人になるとそのほとんどが姿を消した。とりわけ節句を祝う風習は目に見えて衰退した。

最大の打撃は文化大革命による人為的な破壊だ。まっさきに日常から消えたのは、「盂蘭盆節」。「盂蘭盆節」は別名「中元節」、地域によっては「鬼節」（幽霊の節句、という意味）、「施孤」ともいう。もともと亡霊を済度する仏教の儀式であったが、のちに民間の習俗として定着した。旧暦の七月十五日の夜になると、家々のまえの地面で線香を焚いたり、亡霊の道しるべとなる蠟燭をつけたりする。そのことが文化大革命中に迷信と断罪され、禁止されるようになった。

七夕や重陽の節句を祝う習俗は近代に入ってから、かなり簡略化されたが、儀礼食は依然として残っていた。しかし、文化大革命中には関連する儀礼食も販売できなくなり、節句の存在もしだいに忘れられてしまった。旧暦一月十五日の元宵節はただの「灯会」（手作りの灯籠の展示会）になってしまい、四月五日の清明節も墓参りの習俗しか残らなかった。

一部の祭りは儀礼食が禁止されなかったために、何とか生き残ることができた。たとえば、庶民にとって、旧暦八月十五日に月餅を食べるのは、年に一度の楽しみであった。文化大革命中でもさすがに「中秋節」を禁止することはできなかった。端午の節句も「ちまき」という食物のおかげで、文化大革命中に生き延びることができた。本書の第二部はそうした儀礼食にちなんだ旧い習俗と、消えたお祭りについての追憶である。

経済の改革開放によって、中国社会がさらに大きな変貌を遂げ、今度はたえず増殖する消費文化が怒濤のように、古い食文化を一気に押し流してしまった。生活が豊かになったために、月餅を食べる人が激減し、いまや贈与のための食品になっている。ちまきも主婦が作れなくなったために、多くの家庭では食べなくなったという。第二部は過去の思い出であると同時に、食卓から消え去った食物たちの挽歌でもある。

さきほども触れたように、異なる文化の違いをもっとも端的に示すのは「食」である。食物だけでなく、調理法や食習慣や食卓のマナーにも文化の違いがはっきりと現れている。マクドナルドやケンタッキーフライドチキンが普及した今日、一見、アメリカの食文化が広く親しまれているように見える。ところが、いざアメリカに旅行に行くと、改めて日米間の食文化の違いの大きさに驚かされてしまうであろう。

同じ東アジアでも、食文化はそれぞれまったく違う。その違いを知らないで海外に行くと、戸惑ったり、文化摩擦を引き起こしたりすることがある。第三部は日本、中国と韓国の食文化の違いについて、通常と違った視点から捉えている。酒も食文化の一部ということを考えると、第四部のエッセーも同じテーマを扱っていると言える。

中華料理について、いくつかの固定観念がある。文化によって、そのイメージもそれぞれに違う。日本ではフカヒレやツバメの巣などが連想されることが多いが、アメリカでは中華料理といえば、美味しいというイメージの反面、安っぽい、体に悪い、といったような先入観もある。実際、よほど高級な中華レストランに行かないと、ろくな料理はない。世界のどこに行っても、中華料理店は必ずあると言われているが、とりわけアメリカには多い。どんな小さな町でもだいたい中華料理屋を見つけることができる。しかし、そうした店は概して料理の作り方が粗雑である。日本において、中華料理のイメージは悪くない。むろん脂っこいという印象もあるが、たいがいの人は美味しいと思っているであろう。

しかし、豪勢と思われがちな中華料理も多様な面を持っている。第五部はそのような多様性を歴史的な角度から捉えている。「食糧難時代の中華料理」ではこれまでほとんど知られていない、飢餓時代の中華料理が紹介される。一方、宮廷料理についてのエッセーはまったく逆の視点から、中華料理の多様性を照らし出している。

過去の食文化史について調べるとき、自ら料理を再現することが必要である。第六部ではそのような経験が記されている。古代の中華料理について、メニューやレシピが残っていないのがほとんどである。復元するには一苦労するが、わずかな手がかりでかつての料理を再現するとき、その喜びはひとしおである。過去の記述の真偽を見分けられるだけでなく、意外な発見も少なくない。

文化の平行比較にはつねに落とし穴が待ちかまえている。この本は日中間、あるいは東アジアの文化事象を比較し、あるいは日本文化という視点から見た中国の食文化を紹介している。そこには経験主義的な文化比較という危険性が潜んでいることは承知している。ただ、わたしが指摘したいのはあくまでも文化事象の違いであって、文化の本質的な相違について論じているのではない。実際、この本に収められたエッセーは、文化類型論や文化本質論から遠く離れるために執筆されたのである。

本書は、食をめぐる日本や中国の文化の違いをテーマにしているが、ただ、その目的は専門知識を提供するためのものではない。食をめぐる文化事象を通して、日中間の違いを指摘し、相互理解の一助になれば、著者にとってそれよりうれしいことはない。

一　鳳凰を食べる国

◎鳳凰に乗った西王母「八仙慶寿」（部分）

蛙の感傷

たんぼに水が引き入れられる頃になると、蛙の鳴き声もあちこちで聞こえてくる。まわりの樹木はみるみるうちに葉が茂り、周囲の山もいつの間にか濃い緑に覆われる。路傍には野花が咲き乱れ、春のたけなわを待たず、夏が足早にやってくる。田植えが終わり、稲の苗がぐんぐん伸びてきたときには、蛙たちの合唱も夜の主旋律となる。あたりが雪でまっしろになった季節から、ほんの一瞬である。

宵の口に窓辺に座り、ときおり吹いてくる心地よい夜風のなかで蛙の鳴き声に耳を傾けると、なぜか心がなごんでくる。窓のそとから、街のざわめきは風にのって潮のように打ち寄せてきては、また遠くへひいていく。そんなとき、星空を眺めると、思わず遥か彼方に想いを馳せ、物思いに耽ってしまう。

蛙の鳴き声に風流を感じるようになったのも、じつはつい昨日今日のことである。長いあいだ、わが家にとって蛙はただの料理材料にすぎなかった。山形に来てはじめて蛙の鳴き声を聞いたとき、どれほどうれしかったか。これで何年かぶりに蛙を食べることができるのだと、妻もわたしも小躍りして喜んだ。

さっそく懐中電灯を持って家のまわりのたんぼを見てまわった。だが、どれも親指ほどの大きさで、とても食えるようなものではない。いまから思えば、暗闇のなかでうろうろしていた二人の姿は、隣近所の方々の目にはさぞ不審で、おかしかっただろう。

蛙の鳴き声を鑑賞するのは世界中でも日本だけのようだ。『万葉集』には「蛙鳴くかむなび川に影見えて今か咲くらむ山吹の花」という歌がある。それ以来、蛙の鳴き声は山間に流れる水の音と同じように、詩的情緒を呼び起こす美しい音色とされた。

中国の詩にも蛙はときおり出てくる。唐代の詩人全建は「汴路水駅詩」のなかで「蛙鳴《かわずな》く　蒲《ほ》葉《よう》の下《もと》、魚入《さかない》る　稲花《とうか》の中《うち》」との詩句を書いたことがあり、蛙がまったく詠まれていなかったわけではない。しかし、花鳥風月と違って、蛙の鳴き声は美しい自然の隠喩として用いられることはほとんどない。そのかわりになぜか古代から蛙が食用、薬用に利用されてきた。

一口に蛙とはいっても、いろんな種類がある。料理用には雨蛙は小さ過ぎるし、食用蛙はまた大き過ぎて肉が硬い。ヒキガエルは皮膚のこぶに毒素がある、と漢方医学ではいわれているから、むろん論外である。食べられるのは体長が約八センチぐらいのアオガエルだけだ。

料理法はしごく簡単である。まず後ろ足をつかみ背中を下にして、首筋の方を包丁ですばやくぶった切る。ただし、必ず首の皮を一枚残す。落ちかけた頭をつかんで皮を剝がすと、緑色の服が足の先まできれいに脱げてしまう。内臓はほぼ全部すてるが、たまごと精子だけは絶品である。

一度に調理するには二十四前後が理想的だが、最低でも十四。それ以下だと、かなり作りにくくなる。中華鍋を用意し、サラダ油を熱くする。ショウガとニンニクに熱を通してから、皮を剝いだ蛙を入れて炒める。肉の色が変わったら紹興酒を、少し時間をおいて醬油、砂糖と水を加えて蓋をする。最後に五分切りの細葱を加えさっと炒めて出来上がり。味がよく、香りのいい一品である。気の合う友人を二、三人誘い、蛙の骨をしゃぶりながら、芭蕉の句「古池や蛙飛び込む水の音」について談論風発。人生のこのうえない幸せである。

日本人と同じように、イギリス人も蛙を食べないようだ。フランス人のことを軽蔑して「Frog-eater」つまり「蛙を食うやから」という。ただ、蛙の鳴き声は人間のしわがれ声にたとえられることもあるから、いい音色とは思われていないらしい。東南アジアではタイもインドネシアも蛙を当たり前のように食べている。

蛙の鳴き声が銀の鈴を振るような音に聞こえる日本人はさすがに聴覚が繊細である。虫の音にも耳を傾け、季節の移り変わりに敏感に反応する、豊かな感受性があればこそである。

食《ク》ッキングな季節感

朝起きてみると、晴れ渡った青空の下、遠くに冠雪した月山が鮮やかな輪郭を描き、わが家の裏の山には木の葉がみごとに、色づいている。今年の紅葉は遅いが、それでも秋が深まった今頃になると、もうそろそろ終わりに近づいた。酷暑でだいぶ落ちた食欲は早くも回復し、知らずしらずのうちに体重が増えてしまった。暮秋とはいえ、この時節ならではの食物が多く、食卓には旬のものが次から次へとあらわれてくる。食物を通して季節を知るのもなかなか味なものである。

こんな季節感はときには困ることもある。山形で生活してなにひとつ不満はないが、同僚のペットを見て食欲をそそられるのが人にいえない最大の悩みである。ましてや読書の秋、食欲の秋。本読みに疲れると、外の新鮮な空気も吸いたくなる。すると、まるまると太った犬たちが飼い主をひっぱって散歩しているのに出会う。ああ〜もう秋だなあと気づいたりする。木の葉を見なくても、ワンちゃんたちの肉付きさえ見れば季節がわかる。

秋の味覚は地域によってはじつに多種多様である。わたしのふるさとではこの頃になると、町の雰囲気ががらりと変わる。市場には海の幸や山の幸が満ちあふれ、あちこちの店から香ばしい食物の匂いが漂ってくる。もともと中国の町には惣菜の専門店が多い。ただ、惣菜といっても、日本と違って、必ずしもふだんのおかずばかりではない。むしろ休日や祝祭日にしか作れないものや、あるいは特殊な器具がないと調理できないものが多い。逆に野菜類はいっさい売らない。だから手間ひまのかかるものは惣菜屋から買ってきて、あとはご飯と、時間のかからない野菜料理を作ればよい。帰宅が遅くなったり、親友が急に訪ねてきたりするときには大いに助かるものである。

そうした惣菜屋の外見はブティックとよく似ている。大きなショーウインドーが通りに面しており、一年中焼き立てのペキンダックやにわとりがまるごと店頭に吊るされている。午後四時頃になると、汁が滴る豚や羊の首がショーウインドーにあらわれ、頭上から湯気を立てながら、ガラス越しにほほえんで往来を眺めている。秋が深まるにつれて、店頭に登場してくる食物もしだいに増えてくる。ウサギ、キジ、カモシカなどさまざまな珍味が代わる代わる主役となる。

揚子江下流に住む人間にとって、秋の代表的な味覚はなんといっても上海蟹である。料理屋に蟹宴席や蟹料理は事欠かないが、自分で調理するのも一興である。左手に甲羅をつかまえて、歯ブラシで泥を洗い落とし、ひもで丁寧に縛る。あとは生きたままセイロに入れ、二十分ほど蒸せばよい。黒っぽい蟹はまたたく間に豪華な黄金色に変身する。甲羅をあけてミソを啜ると、もう天にものぼるような恍惚とした心地になる。

広東ではまるっきり違う。あちらの人たちは蟹ぐらいでは決して満足しない。秋風が吹くと町のいたるところで、「天高く馬肥ゆる秋」ならぬ「秋風吹けば蛇肥える」の宣伝文句が目に入る。市内のレストランでは各種の蛇パーティーがたけなわで、市民たちはあたかも芋煮会に出るように、うきうきした心境で友人や親類などと一堂に会し、蛇肉の美味しさに舌鼓を打つ。

犬肉を食べるのもとうぜん冬に備えるのに欠かせない行事の一つである。もっともふだん犬肉を食べないわけではない。ただ、秋の終わり頃に犬の肉を食べると、ひと冬寒さにつよくなるという。むろん羊頭狗肉などはとんでもない話で、犬肉の方が羊肉より遥かに高い。

わたしの生まれた町ではそんな習慣はない。わたしが犬肉を食べはじめたのはちょっとした偶然からである。親父は「医食同源」説の根っからの信奉者で、なんでも漢方医学と関連づけては肴にしてしまう。犬肉の強壮作用を聞くと、さっそく惣菜屋から犬肉の煮込みを買ってきた。秘蔵の酒が取り出されるのを見てわたしはこれは珍味に違いないと悟った。母と姉たちの嘲笑、軽蔑と義憤をよそに、親父はにこっと杯をあげる。わたしもとうとう香ばしい匂いにたえきれず、つい手が伸びてしまう。一口食べると驚いてしまった。それはそれはいままでの人生が悔やまれるほどの美味しさであった。至福とはまさにそのことのために用意されたことばである。

嘘だと思ったら、今夜試してみて下さい。

環境にやさしい食べ方

日本人の知り合いと同席した食卓で、「鳳爪湯《フォンジャアターン》」（鳳凰の爪のスープ）という広東の名物料理を食べたことがある。「鳳凰」とは中国的なレトリックで、じつは鶏の足の煮込みスープに過ぎない。優雅に曲がった鶏の爪がスープから突きだしているのを見て、隣の席に座っているレディーは思わず悲鳴を上げた。

中国では珍重されているのに、日本で軽蔑されている料理は多い、鶏の手羽先は中国で高級料理の部類に入る。肉は柔らかく、軟骨にはゼラチンが多く含まれている。醤油で味を付け、弱火で煮込むだけで、美味しい酒の肴になる。値段も鶏のもも肉や胸肉より遥かに高い。レストランでは予約しないと注文出来ないほど人気が高い。

ブタの食べ方も違う。豚足なら、日本でもデパートの食品売り場でたまには見かけるが、胃袋、心臓、腎臓や舌、しっぽなどとなると、まったく手に入らない。いずれも中華料理の貴重な材料なのに、日本ではほとんどごみ扱いにされる。そうした食材は一体どこへ行ったのか。捨てられたか、ペットフードの原料とされたのであろう。調理法ひとつで、いずれもたいへん美味しいごちそうになるのに、もったいないことである。

ブタの胃袋は塩でもんでから、きれいに洗い、茹でてから冷まし、一センチほどの幅に切る。醤油とごま油で和えれば、晩酌に絶好の一品である。

ブタの頭の料理は奥深い。袁枚《えんばい》の『随園食単』でも料理法が紹介されている。二・五キロほどのブタの頭をきれいに洗い、甘酒一・五キロと細ネギ三十本、ウイキョウ十五グラムで煮る。しばらく沸騰させてから、醤油を一カップと砂糖五十グラムを入れて、弱火で煮込む。汁が減って、粘っこくなったら出来上がり。香りがよく、口に入れると溶けそうに柔らかい。現在、鎮江の名物料理となっており、値段も高い。

それぞれの国にはそれぞれ好まれる食物がある。ゴボウは日本で広く食べられているが、中国では棒切れとしか思われていない。たがいに「好悪」を相通ずれば、限られた食の資源をもっと有効に利用できるではないか、と今夜も鳳凰の爪をしゃぶりながら、そんなことを考えている。

やがて懐かしい蛇の肉

十五年ぶりに訪れた北京はすっかり変貌した。市内には高層ビルが林立し、郊外の道路も格段によくなった。

北京の秋は美しい。西北郊外にある香山の紅葉はちょうど見頃であった。中国にも紅葉狩りの風習があるから、今回ぜひ見に行きたいと思った。だが、友人に聞いてみたら、週末になると見物客がドッと押し寄せ、紅葉の名所では人が葉っぱより多いという。やむなく紅葉狩りはあきらめることにした。

中国旅行の楽しみはなんといっても食にある。現在、北京では広東料理が大流行し、店内には魚も海老もロブスターも貝もすべて生きたまま水槽のなかに入れられている。客が好きなのを選んで、料理人がその場で調理する。魚介類だけではない。蛇なども生きたまま待機している。レストランに入ると、まるで水族館の中にいるようだ。

覚えきれないほどの料理のなかで、忘れられないのは蛇の皮とキュウリの和《あ》え物である。食材をむだなく利用する点でエコロジー大賞の候補にあげられる。蛇の皮をさっと湯通しをし、冷ましてから細切りにする。キュウリも同じく三ミリほどの幅に切っておき、醬油、料理酒、ゴマ油とショウガのみじん切りで和える。紹興酒の熱かんにはもってこいの一品である。蛇肉のなべ焼きもまた文句のつけようがない。その独特の歯ごたえと、さっぱりした味わいは食べた後も口の中で長く余韻が残る。広東人が病みつきになるのもうなずける。同席した日本人や韓国人の学者は最初おそるおそるであったが、やがてむさぼるように蛇肉をほお張り、口々にうまい、うまいと感嘆する。東アジア経済共同体ならぬ東アジア食欲共同体は早くも威力を発揮した。

北京の食卓はいつも人を退屈させない。ハトの中華風ソテー、チャウチャウの寄せ鍋、黒アリの茶碗蒸し、毎食毎食まるで動物園巡り。食後にお茶を飲みながら、蛇のヒレ肉とブタの耳と犬のもも肉が胃袋の中で派手に踊る様子を想像するだけで、もう愉快でたまらない。

旅行中にいよいよ丈夫になった胃腸は東京に戻ってから、二日も経たないうちに調子がおかしくなり、下痢をしてしまった。おかげで二日間も絶食するはめになった。胃袋が東京の地味な食生活に抗議し、ストライキを起こしたのかもしれない。

天然記念物を食べる

車で大学から自宅に戻る途中、ラジオで主婦を相手にした電話調査が放送されていた。そのなかに「収入が減少したいま、まず何を節約したいと思いますか」という質問があった。ほとんどの主婦が「食費」と答えた。まったく予想外の答えで、日中文化の違いをあらためて感じさせられた。

日本に来てもっとも不思議に思ったことの一つに、一般家庭の食費支出の割合の低さが挙げられる。昼食のとき、安かろうまずかろうというような定食を黙々と食べているサラリーマンの姿をよく見かけるし、夕食をオムレツ一つで済ませる家もある。日替わりランチ一筋三十年の人もいるというから、その精神力には恐れ入った。

月収三、四十万円ももらっているのに、昼食にショウガ焼き定食にしようか、みそラーメンにしようかと迷うのは、あまりにも悲しいであろう。

食べることを人生の最大の楽しみとする中国では、食事にかける金と情熱は並大抵ではない。

「パンツを質に入れても食べたい」ということわざがある。とにかく食のことになると、中国人は驚くほどの想像力と行動力を発揮する。その手にかかると、世の中におよそ食べられないものは何もない。

去る九月に上海で、日本人の同僚や知人たちといっしょにレストランで食事をした。店の一角には水槽が一列に置かれ、一瞬水族館に迷い込んだ錯覚に陥った。一歩足を踏み入れると、誰かがいきなり「あ、天然記念物だ」と、驚きの声をあげた。見ると、水槽のなかでカブトガニが悠々と泳いでいるではないか。その名は中国語で「鬼蠔《クエイホー》」という。

日本円にして一匹約四、五千円もするから、地元の人にはもちろん、日本人にとっても決して安くない。そのためか、水槽にはまだ二匹も残っていた。良心の呵責《かしやく》を感じずにさっそく注文した。

姿蒸しに変身した天然記念物が食卓に運ばれてくると、大拍手がわき上がった。フラッシュを一斉にたいたかと思うと、全員われさきにと熱々の天然記念物をむさぼるように食べ始めた。食卓に置いたカブトガニは予想よりも遥かに大きい。だが、食べてみると甲羅と殻ばかりで、肉はほとんどない。その肉もまったく美味しくなかった。

ここ数年、中国経済の急速な発展に伴い、外食産業は量質ともに大きく変わった。変化の一つとして、レストランに下手物《げてもの》が増えたことが挙げられる。以前、一部の地方にしかなかった下手物はいまや全国に広がるようになった。

後日談になるが、ＳＡＲＳが大流行したとき、その原因は野生のハクビシンの食用にあると言われていた。ハクビシンを珍味とする習俗は以前、広東にあったが、経済の発展に伴うビジネス接待が盛んになり、広東以外の地域でも食べるようになった。

ビジネス接待とはいっても、形の変わった賄賂に過ぎない。ひと昔前は、フカヒレやツバメの巣など、高価な食材を使った料理が定番であった。ところが、接待が日常化するにつれ、招待される側の口が肥え、接待する側も出せるものは少なくなった。いくら山海の珍味とはいっても、同じ客をいつも同じメニューで招待するわけにはいかない。そこで、値段の高そうで、稀少価値のある食材が珍重されるようになった。いっとき、接待用のレストランの厨房はまるで珍奇動物園のようだとさえ言われたほどだ。

下手物料理はその延長でブームになった。サソリの唐揚げが食卓にのぼったのもそのためであろう。口に入れるにはかなり抵抗があるが、サソリはいまでも養殖が行われている高価な食材だ。いま大都市のレストランなら、どこにも生きたヘビがある。そのヘビ料理もまた値段が高い。

むろん下手物を好む心理も理由の一つであろう。数年前にミミズ料理も登場したが、こちらは珍味と言うより、ただの悪趣味なのかもしれない。それでも料理としてちゃんと成立している。

グローバル化が進んだとはいえ、食文化はやはり民族によって、国によって大きく違うのである。

スッポンは姿蒸しに限る

上野を通ると、必ずアメ横をのぞきに行く。目当てはタラバガニやマグロではない。人混みをかき分け、一直線にめざすのは地下食品街である。中国産の魚介類から、野菜、調味料までさまざまな食品が売られているからだ。

地下食品街とは言っても、十ほどの売場がひしめき合う狭い食品店の一店でしかない。しかし一歩なかに入ると、まるで中国に戻ったような錯覚を覚える。現に従業員の半分近く、買い物客の八割以上が中国人である。それだけではない。商品の並べ方から、店の空気まで中国の刺々《とげとげ》しさを感じさせる。

しかし、その刺々しさが好きである。必ずしもなにかを買いたいわけではないが――結果としては必ずなにかを買って帰るのだが――あの濁った空気と独特の匂いが懐かしい。それ以上にわたしを引きつけるのはあの元気のいいスッポンたちである。なにを隠そう、わたしはスッポンが大好きなのである。

子供の頃からスッポンを食べるのはちょっとした「イベント」であった。なにしろ、中国人のスッポン信仰にはすさまじいものがある。健康増進、滋養強壮だけでなく、難病、とくにガンに効くと信じられている。実家でも親父が大のスッポン教の信者で、スッポンが食卓に出る日は、終日目尻が下がりっぱなしであった。それでも子供が多いためか、みずから買って食べることは滅多になかった。半年か一年に一度田舎から親戚が出てきて、おみやげに持ってきたのを食べることがせいぜいである。夜の食卓で、親父がうれしそうに蒸しスッポンを丸ごと一匹独占するというのはいつもの光景であった。お袋はわざと「嫌いだ」と言って箸をつけない。われわれ子供はというと、そばで頭やたまごなど、「おこぼれ」をもらうだけで驚喜したものだった。それほどスッポンは珍味なのである。

株価は上がったり下がったりするが、スッポンの値段は上がりっぱなしであった。物心がついてから、いままで一度も値下がりを経験したことはない。ただ、八〇年代まで、一般庶民でもスッポンを買おうと思えば買えないことはなかった。しかし、経済開放政策が実施されたあと、貧富の差がひらき、スッポンも金持ちにしか手に入らなくなった。三年まえ、九年半ぶりに上海に帰ったとき、スッポンが高くなった、買えなくなったと、兄はしきりに嘆いていた。

子供の頃スッポンをつぶすのは親父の役目であった。お袋がたまには下ごしらえをするが、親父がいつもみずから調理していた。見様見真似で、わたしも中学生の頃になると、だいたいの手順を覚えるようになった。自画自賛になるが、いまではプロ顔負けの腕前である。事実、わが家ではスッポンの姿蒸しはわたししかできない料理なのである。

スッポンを食べることは恋愛とどこかに似ていて、長い「プロセス」が必要である。早朝、市場に出掛け、生きのいいスッポンを選ぶ。カットから出来上がりまで、どんなに早くても六、七時間はかかる。しかし、別に面倒とは思わない。下ごしらえや調理などすべて自分ひとりでこなすと、なにか大きな目標を達成したような満足感を味わうことができる。

スッポン料理の鍵は下ごしらえにある。なかでももっとも気をつけなければならないのは内臓の取り出しだ。血を出してから、甲羅を下にし、包丁で腹を十字に切る。その隙間から内臓を取り出す。これは根気の要る作業で、とりわけ胆嚢の取り出しは難しい。うっかり胆嚢をつぶすようなことがあれば、全体が苦しくなり、せっかくのスッポン料理も台無しになってしまう。

内臓は肺、胆嚢、腸以外はすべて食べられるが、わたしは内臓を全部捨てる。肝さえ要らない。というのも、わたしにとってスッポンを食べるのは美味を楽しむためであって、精力を高めるためではないからだ。ただ、中国では内臓を食べるのが普通である。甲羅も捨てない。きれいに洗って干せば、漢方の薬屋で金に換えられる。粉にして、そのまま薬になるからだ。

スッポンの内臓を取り出した後、空っぽになった腹の中に金華火腿（中国のハム）とショウガ、細ネギをつめ、塩と紹興酒を入れる。火腿はなければ入れなくてもよい。これで下ごしらえはすべて終わる。後は蒸すこと五時間で、見事なスッポンの姿蒸しが出来上がる。水は一滴も入れないが、汁は自然と出てくる。ゼラチンもたっぷり含んでいるから、味は濃厚で美味しい。しかも、油っこさはまったく感じさせない。十分熱を通したスッポンの足や甲羅の縁辺は、半透明のようになり、口のなかに入れると、溶けるように柔らかい。

同じゼラチン質でも、フカヒレの場合、材料にはほとんど味がしみ込まない。汁にとろみをつけ、フカヒレに巧く絡ませるのはそのためである。しかしスッポンの甲羅の縁辺は違う。塩を入れるだけで、うま味を引き出すことができる。

スッポンの肉は味が上品で、ゆっくり味わうほど美味しく感じる。甲羅の縁辺や汁と合わせて、一匹のスッポンで三種類の食感を楽しむことができる。その奥深い味はほかの料理では絶対味わえないであろう。

スッポンの姿蒸しが食べられない人生なんて、つまらない。どんなに貧乏になっても、たとえズボンまで質に入れても、年に一度は食べたいものである。

子年の叫び声

まだ中国にいた頃、日本人の友人を家に招待したことがある。十数年も前のことだから、食料品はいまのように豊富ではなかった。写真や映画で日本のスーパー・マーケットを見たことがあるから、同じ野菜や肉でも見た目が劣っている中国の食材で、果たして口の肥えた日本人に満足させることができるのかと、内心では不安であった。ところが、意外なことに、友人は日本のより小ぶりのリンゴやたまごの味わいをほめそやし、虫食いの跡がある野菜も、農薬が使われていないからと言って、美味しそうに食べていた。

中国ではお客さんを招待するときに、必ずメインディッシュを用意し、その料理にもっとも多くの金と時間と手間をかける。その日の主役は蒸し鶏。生後六カ月未満の若鶏を朝のうちにつぶし、長い時間をかけて丸ごと弱火で蒸しあげる。紹興酒、ショウガ、細ネギと塩以外は何も入れない。放し飼いをして、虫などを食べて育った鶏だから、脂気が少なくあっさりしている。それに蒸すときに余計な水分をいっさい入れないため、味は濃厚で肉は柔らかい。不思議なことに、友人はその料理にまったく興味を示さず、いくら勧めても箸をつけようとしない。こちらのがっかりした表情を察したからか、食事のあと彼は、日本人は丸ごと料理したものは苦手なんだよ、とぽつりともらした。

後に日本に来てわかったことだが、丸ごとの料理は日本にもないわけではない。カレイの姿焼きもそうだが、鯉の生け作りを好む深層心理はほんらい、生きた猿の脳味噌を嗜《たしな》む趣味とたいした変わりはないかもしれない。「料理」がもがいているのを見て、食欲をそそられるのは中国人だけではないようだ。

ところが、日本では丸ごと料理するのは魚やエビ、カニなどの魚介類に限る。鶏やアヒルなどは決して丸ごと調理したり、食べたりはしない。むろん、一部の神社の祭礼では、例外もあるが、少なくとも日常の食生活ではそのような慣習はない。その点では現代の中国文化と大きく異なる。長い間その理由がずっとわからなかった。今年、初詣を見てはっと気づいた。

中国料理は祭祀の習慣と密接な関係がある。古代ではもっともいい料理は天地の神や、あるいは先祖を祭るときに供えるものであった。仏教が入るまえから神々に「六牲」をささげる習俗があった。六牲については複数の説があるが、『周礼』では牛、馬、羊、豚、犬、鶏を指す。ほんらい生け贄として丸ごと調理して神にささげるべきだが、牛や豚は大きいから、後に簡略化して頭部だけ丸ごと調理して供えるようになった。仏教が入ってからもその習俗は継承され、亡くなった肉親を祭るときには、丸ごとに料理した鶏やアヒルは欠かせない。

日本では仏教の祭祀には精進料理しか供えない。神道の場合は多少違い、するめなどの魚類はあるが、一部の例外を除いて、肉類は仏教と同じように基本的には使わない。ましてや、鶏やアヒルなどを丸ごと料理して供えるような発想はありえない。その結果、日本人は懐石料理で醤油が滴る豚の頭を食べることが出来なくなった。もったいないことだ。

動物を丸ごと調理する文化では、その動物のどの部分も捨てない。日本人にとって魚の頭も尾鰭も食べられると同じように、鶏や豚を丸ごと調理する中国では日本人の食べない足も頭も内臓も立派な食材である。

広東には鳳爪スープという名物料理がある。「鳳爪」とは「鳳凰の爪」という意味だが、実際は鶏の爪に過ぎない。日本人にとっては相当強靭な精神力がないとなかなか喉を通らない。優雅に曲がっている鶏の爪先が、シンクロナイズド・スイミングをしているデデューの足のようにスープからのぞいているのを見て、気の弱いお嬢さんたちは失神するのである。

丸ごと調理する料理となると、中国では種類が多い。丸焼きのほか、丸ごと蒸し、丸ごと茹で、丸ごと油揚げなどがある。丸ごと炒めるのはほとんど魚介類で、肉類ではスズメやウズラのような小鳥の場合が多い。もっとも風流なのは「三叫び」という広東料理。食材は生まれたばかりの、まだ、目の開いていない子ネズミ。食べたくても食材が必ずしもただちに手に入るとは限らない。

気長に待たなければならないのがこの料理の難点だが、同時にまた楽しいところでもある。調理法はいたって簡単。中華鍋でサラダ油を熱くしてから、材料を入れてさっと炒める。子ネズミが「ちっ」と叫んだら、すばやく鍋からお皿に移す。食卓で首を長くして待っている健啖家たちの箸にはさまれ、手中の料理はふたたび「ちっ」と叫ぶ。これで「二叫び」。口の中に入れて噛むと、舌の上で珍味は三たび「ちっ」と叫んで昇天する。と同時に口の中に幸せがいっぱい広がり、料理もこれでようやく完成する。調理の過程と賞味の過程が渾然一体となる上品な一品である。えもいわれぬ美味しさというが、残念ながらいまだに食べる幸運には恵まれていない。

二　食の歳時記

◎七夕の晩、星空を仰ぎつつ針に糸を通して裁縫の上達を願う婦女子を描いた「乞巧図」（仇英画、部分）

正月——縁起かつぎの食品たち

近代以降、日本と中国の文化はそれぞれ違う方向へ大きく変わった。同じお正月でも、日本では新暦のことを指すが、中国ではいまも旧暦（農暦ともいう）の一月のことを意味している。新暦の元旦は普通の休日とほとんど変わらず、旧正月になって、ようやく街が活気づくようになる。

ただ、中国では旧正月を祝う習俗が残っているものの、中身は以前と大きく変わった。五、六〇年代には地域によってさまざまな祭祀の習慣がまだ残っていたが、文化大革命のあいだに一掃された。旧暦十二月二十三日の竈祭りも、正月五日の財神祭りもすっかり姿を消した。若い世代はその名称すら知らないだろう。魯迅の小説「祝福」には大晦日に福の神を迎える祭祀が描かれているが、そのような正月の過ごし方は、都市部で育ったわたしの世代にとっても、すでに見知らぬ過去のものとなった。そのかわりに、正月といえば、飲み食いがおもな「行事」となった。

日本と同じように、「お正月」は一月一日からではなく、大晦日の夜から始まる。大晦日の夕食は「年夜飯《ネンイエファン》」と言い、家族が団欒《だんらん》する象徴として、元日の食事以上に重んじられている。やむをえない事情がないかぎり、必ず家族全員そろって食事をする。その日にかぎって、出稼ぎの人も自宅に戻らなければならない。一人でも遅れると、夜の九時でも十時でも待ちつづけるのが習わしである。

どのような貧乏な家でも、「年夜飯」にお金をかけるのを惜しまない。都市部だと、標準的な「年夜飯」はフルコース並みの料理が出る。

最初に食卓に並べられるのは四品か六品の前菜。日本の中華料理店でもおなじみのピータン、クラゲ、焼き豚の薄切りのほか、燻製の魚や牛肉、鶏肉、豚肉の薄切りなどがある。

次に炒め料理が出る。エビ炒めやナマコ炒めのほか、肉や魚の炒めも一般的である。炒め料理は四品でも六品でも八品でもいい。ただ、品数は必ず偶数でないといけない。奇数だと縁起が悪いと思われているからだ。

炒め料理の合間に、「甜点《テンテン》」つまり甘いものを一品出すことが多い。炒め料理が四品の場合には、二品目の後に、六品の場合は三品目の後に出すのが一般的である。縁起のいいものとして、「八宝飯《パーポーファン》」という半球形の食品が好まれている。

「八宝飯」は外が糯米《もちごめ》で、中は小豆《あずき》あん。事前に糯米を炊いておいて、お椀に薄く敷き、上に小豆あんを入れて、最後に糯米のご飯を敷く。お椀ごとに蒸して、出来上がったら、ひっくり返せば出来上がり。糯米の上には、干しぶどう、干し竜眼、ナツメ、蓮の実などが飾られていて、色が鮮やかである。

炒め料理の後は、「大菜」つまり煮込み料理が出る。ニワトリ、アヒル、魚と豚肉の煮込みの四品が一般的だが、いずれも姿煮でないといけない。ただ、豚肉だけは皮付きのでよい。

中でも欠かせないのは頭《かしら》つきの魚料理。中国語では「魚」が「余」と発音が同じで、「年年有魚」(毎年魚がある)という言葉は、「年年有余」(年々金がありあまるほどある)という言葉と同じ発音である。しかも、出された魚料理は「余る」ように、必ず食べ残さなければならない。

丸ごと煮込んだニワトリやアヒルも縁起のいい料理。中国語ではニワトリやアヒルの姿煮を「红烧全鸡」(ニワトリの醤油煮)とか「烤全鴨」(アヒルのオーブン焼き)とかという。「全」という字には「欠けるところがない、円満である」というニュアンスがある。

煮物の後にはスープとご飯が出る。その日はどんなにお腹が一杯になっても、ご飯を一口食べなければばならない。そうしないと、閻魔に召されて、あの世で食べるはめになる、と言い伝えられている。これでようやく「年夜飯」が終わる。

夕食の後、主婦たちが翌朝の朝食の準備をし、子供はあたりで遊び回り、新年の到来を待つ。これを「守歳」という。ラジオで十二時の時報が流れると、町中爆竹の音が響きわたる。

杜甫はかつて「杜位《とい》の宅にて歳を守る」のなかで、

歳を守る阿戎《あじゆう》が家
椒盤《しようばん》已《すで》に花を頌す（中略）
誰《たれ》か能《よ》く更に拘束せん
爛水是《らんすいこ》れ生涯なり

と詠み、唐代の「守歳」の様子を描いている。現代では、大晦日の夜、酒に酔いしれながら、夜明かしをする風習は唐代と変わらないが、酒に山椒を入れて飲む習わしはすでにない。

元日の朝はふだん早起きの上海人もさすがに朝寝坊をする。九時をまわると、子供たちが路地に飛び出してくる。やがて、あちこちで爆竹の音や、空竹を回す音が聞こえてくる。新しくこしらえた服はだいたいその日を待って身につけるから、大人も子供も晴れ着姿。色鮮やかな風船を手にした子供たちがあちこちではしゃぎまわる。寝正月の日本と違って、どこもかしこも人が溢れ、空気までもがお正月の匂いがする。

元日の朝は地域によって食べ物が違う。上海ではゴマ餡の「湯圓《タンエン》」が儀礼食として欠かせない。「湯圓」とは直径二センチほどのスープ入り団子で、丸い形が「団欒」を象徴する。

「湯圓」のかわりに、お餅を食べる場合もある。日本語の「餅」は、中国語で「年糕《ネンゴー》」という。「糕」は「高」と発音が同じだから、「高高興興」（喜び）と「年々高昇」（年々昇進する）という、二重の願いが込められている。
「年糕」の種類は日本より多い。日本の餅は糯米で作ったものだが、中国では糯米のほか、うるち米でつくった「年糕」もある。前者は「糯米年糕」といい、後者は「大米年糕」という。うるち米で作った「年糕」は日本のスーパーで売っているすいとんと味がよく似ている。日本人にとってあまり「お餅」とは思えない。糯米で作った「年糕」は日本の餅とほとんど同じである。お雑煮のようにして食べる場合もあれば、薄切りにして油で揚げてから食べる場合もある。ただ、いずれも甘い味である。

鏡餅に相当する儀礼食は中国にはない。当然、鏡餅開きという風習もない。

年始回りは中国語で「拜年《バイネン》」という。先生、上司や先輩に対する礼儀のひとつである。「拜年」は一人で訪ねていく場合もあるが、数人いっしょに行動することが多い。年始回りの人が来ると普通、落花生、飴玉、菓子類で接待される。ときには「湯圓」などを出す家もある。そうした食品もだいたい縁起のいい意味が込められている。たとえば、落花生には、「長生果」（長生きのナッツ）という別名があるから、長生きを祈る気持ちが込められている。

年始回りは長居が禁物で、せいぜい三十分前後で帰らなければならない。忙しい家では次から次へと客が訪れてくる。

二日から五日までは親戚や親しい友人の家を訪ね、ひたすら飲み食いを続ける。三、四日も続くこの食事儀式は体力と胃腸の消耗戦。ふだんの食生活とあまりにも違うから、お腹を壊す人も少なくない。それでも懲りずに酒宴責めをつづけるのはいかにも中国らしい。

元宵——月と明るさ競う灯籠の祭り

デパートの地下売り場をのぞいてみると、和菓子のフェアが開催中である。各地方特産の餅や大福、おはぎ、串団子など、さまざまな菓子が売られている。思わず立ち止まってしまった。形といい、色つやといい、どれも食欲をそそらないものはない。主婦たちのなかにまじって、恥も外聞もなく、その場で買ってしまった。

口のなかに入れると、上品な甘みと糯米《もちごめ》のかすかな香り、なによりもフニャッとしていて、いまにも溶けそうな舌触りが快い。カロリーのことも、肥満の心配もそのときばかりはきれいに忘れてしまう。稲作地帯に育った者にとって、糯米の食品はつねに格別な魅力がある。とりわけ団子を見ると、決まって「元宵節《げんしょうせつ》」のことが思い出される。

元宵節は旧暦一月十五日のことで、灯籠祭りとしても知られている。元宵節の由来についてはまだ定説はないが、「元宵《ユワンシャオ》」には「元宵節に食べる団子」の意味もある。とはいっても地域によって、団子の大きさ、餡や作り方が違う。杭州のように小さい団子を炒めて食べるところもあれば、江蘇省南部や上海などのようにスープに入れて食べるところもある。また、糯米の元宵団子の代わりにギョウザを食べるといった地方も北方では少なくない。

子供の頃、灯籠祭りは待ち遠しかった。「灯会《ドンフィ》」と呼ばれる灯籠祭りは、一九六六年に文化大革命が起こるまで、毎年行われ、娯楽の少なかった時代に、庶民にとっては、心おどる行事のひとつだった。

「灯会」は公園や文化宮（公民館のような公共施設）などで催され、旧暦十五日をはさんで約一週間ほどつづく。その間、毎日大勢の見物客で賑わう。雨さえ降らなければ、屋外で行われることも多い。

「灯会」に出された灯籠は色とりどりで、形も球形、正方形、円筒形、六角型など多種多様である。獅子、羊、兎や、魚、花などをかたどったものも少なくない。

いちばん注目を浴びるのは「走馬灯」と呼ばれた灯籠である。日本の回り灯籠と同じで、灯籠の内側と外側とを二重にかさねた形にできている。内側は円筒形になっていて、数枚の絵が描かれている。円筒の上部にはかざぐるまのような仕掛けがある。外側にいくつかののぞき窓が開いており、ロウソクの熱が上昇すると、かざぐるまがゆっくり回る構造になっている。外側から見ると、なかの絵が動いているように見える。色彩といい、デザインといい、いずれも精巧をきわめている。

素人も趣味で灯籠を作っていた。わたしの親戚にもそういう人がいて、毎年見事な灯籠を披露して、隣人たちをあっと驚かしたものだった。専門の訓練を受けていないのに、腕前はプロ級で、しかも灯籠作りにかけてはなみなみならぬ情熱を持っている。

子供たちも小学生の頃になると、「兎子灯《トウズドン》」という、ウサギをかたどった灯籠をつくる。薄くそいだ竹のかわで骨組みをつくり、外側に白い紙を貼り、足の部分に四つの車をつければできあがり。夜になると、なかにロウソクを点《とも》し、ひもで引っ張って歩き回る。夕食の後のひとときは、子供たちで大変な賑わいになったものだ。

灯籠祭りは漢代にはじまったという。王維はかつて長安の「元宵節」を詩に読んだことがある。

上路《じょうろ》　笙歌《しょうか》満ち、
春城《しゅんじょう》　漏刻《ろうこく》長し。
遊人《ゆうじん》　昼日《ちゅうじつ》より多く、
名月　燈光に譲る。

管弦の音《ね》が町中にあふれ、灯籠の光が月よりも明るかった様子が生き生きと描かれている。唐代には皇帝がみずから灯籠祭りに参加し、盛大な宴会を催して、光り輝く灯籠を鑑賞したという。

楊貴妃とのロマンスで知られる玄宗皇帝のとき、灯籠を飾るやぐらの高さはなんと五十丈にも達していたと伝えられている。

文化大革命期には、数年の間「灯会」がなくなり、庶民生活から文字通り光が奪われることになった。その後、徐々に復活したが、まえほどの活気はない。子供たちが灯籠を引っ張って遊びまわる光景もあまり見られなくなった。ネオンが明るさを増すにつれ、伝統行事の光が徐々に弱くなっていくのかもしれない。

清明——草団子に思いを託したことも

街路樹は芽を吹き、庭にも緑が徐々に戻ってきた。街を歩くと、大きなランドセルを背負う小学生たちの姿が目につく。この頃になると、なんとなく空気がいつもと違う。どこか気分を一新したようなさわやかさを感じさせる。

中国の学校は九月入学の二学期制で、春休みはない。四月はちょうど後期のまんなかになる。会計年度も一月に始まるから、日常のなかで四月は仕事のひと区切りといった感じはない。しかし、庶民生活のなかで重要な節句である清明節《せいめいせつ》は四月にある。

清明節は先祖を祭る日で、日本のお盆にあたる。古くは寒食節《かんしょくせつ》の三日後が清明節であったが、いまは清明節しか残っていない。子供の頃、大人から寒食節の伝説を何度も聞いたが、火を使わず、冷たい食べ物だけで数日を過ごすといった経験をしたことは一度もない。

清明節は現在でも人々の心に重要な位置を占めている。四月五日になると、墓参りをするか、さもなければ家で亡くなった肉親を祭る。肉親とはいっても、祭祀の対象は父系の家長、つまり父方の祖父と祖母、あるいは父母に限られている。

墓参りの場合は、墓前で祭祀が行われるが、家で祭るときは死者の写真を掲げ、祭壇を設ける。いずれの場合も酒饌《しゅせん》を並べ、しかも供物の品数は必ず奇数でなければならない。ロウソクをともし、線香をあげてから、家族はひとりひとり祭壇に向かって跪拝礼《きはいれい》をする。死後三年未満の場合、声を出して泣くのも儀礼のひとつだった。

寒食、清明の頃に墓参りをする習慣は唐代にすでにあった。白楽天は「寒食野望の吟」のなかで墓参りの様子を次のように詠んでいる。

丘墟《きゆうきよ》　郭門《かくもん》の外《ほか》、
寒食《かんしよく》に誰《だれ》家か哭《こく》する。
風　曠野《こうや》を吹いて　紙銭《しせん》飛び、
古墓　塁塁として　春草《しゆんそう》緑なり。
棠梨《とうり》の花は映ず　白楊樹《はくようじゆ》、
尽《ことごと》く是《こ》れ　死生離別の処《ところ》。
冥漠《めいばく》たる重泉《ちようせん》　哭《こく》すれども聞えず、
蕭蕭《しようしよう》たる暮《ぼ》雨《う》　人《ひと》帰り去る

「紙銭」とは紙で作ったあの世の紙幣で、紙銭を焼けば、金となって冥界の親族の手元に届くという。郊外の墓地で紙銭が焚《た》かれ、泣き声のなかで灰は風に乗って舞い上がる。墓参りが終わって、夕暮れになると、しとしと降る春雨のなかで人々は寂しそうに家路につく、という情景が描かれている。肉親を悼む悲しみだけでなく、人生のはかなさ、生きることのむなしさがしみじみと伝わってくる詩篇である。

長江下流地域では清明節に「青団《チントウアン》」という菓子を食べる風習がある。「青団」の「青《チン》」と清明の「清《チン》」の発音は同じで、掛け詞《ことば》である。この菓子は草団子と非常に似ているが、作り方がやや違う。まず、ヨモギかタンポポの葉などを細かく搗《つ》き、青汁をしぼりだす。その汁を白玉粉にあわせ、生地を作っておく。この生地を小さくちぎって漉《こ》し餡《あん》を包み、大福のような形にする。最後にゴマ油を塗って蒸せば出来上がり。

ひと昔前までは手作りであったが、六〇年代になると、ほとんどの家は菓子屋から買うようになった。

清明節になると、朝早くから菓子屋のまえに長蛇の列ができる。上海人にとって、「青団」を食べることは清明節の欠かせない行事のひとつである。とりわけ文化大革命のあいだはそうであった。

そもそも祝祭日は儀式か儀礼食によって記憶され、伝承される。祭祀という儀式が禁じられれば、儀礼食である「青団」は祭日の象徴として、当然重んじられるようになる。誰かが意図してそうしたわけではない。民衆はごく自然に「青団」に思いを託したのである。

清明節に「青団」を食べる習慣はそれほど古くない。清代に蘇州の風俗を記録した『清嘉録』には、清明節がちかくなると「街では青団と煮込みレンコンとを売り」、住民たちがそれを買って「清明の日に祖先を祭る供物とする」とある。

グルメのバイブルともいえる袁枚《えんばい》の『随園食単』にも「青草を搗いて汁と為す。粉にあわせて呉団を作る。色は碧玉の如し」とある。夏曾伝によると、杭州では清明節の頃、街頭で売っていた「青白呉団」はこの「青団」のことだという。「青団」についてそれ以前の記録は、いまのところまだ見つかっていない。

立夏――食卓に「鹹鴨蛋」と「酒醸」

ゴールデン・ウィークが終わると、キャンパスの雰囲気ががらりと変わる。あわただしい四月とは、うって変わって学生たちの気持ちもだいぶ落ち着いてくるからだろう。木々の新緑はみるみる濃くなり、吹く風は肌に心地よい。夕食のとき、虫の鳴き声を聞きながら、旬のそら豆や竹の子をつつくのがこの頃の最大のぜいたくである。

日本の東京以南の太平洋側地域と気候の似る中国の長江下流域では、立夏を過ぎると、気温がぐんぐん上がる。日中、街を歩けば、ワイシャツ一枚でも汗ばむほどだ。

今年の立夏は、五月六日。

夏を迎えたこの日、長江下流域では、「鹹鴨蛋《シエンヤータン》（しおづけたまご）」と「酒醸《チユーニヤン》（あまざけ）」を食べる習わしがある。「鹹鴨蛋」とは塩漬けたまごのことで、「酒醸」は糯米《もちごめ》を発酵させてつくった食品である。市販のものもあるが、ひと昔前までは、ほとんど家々の手づくりだった。

たまごの塩漬けは、泥漬けと塩水漬けの二種類ある。つくり方が違うだけで、味はまったく変わらない。いずれもアヒルのたまごを使わなければならない。

塩水漬けの場合、まずさまし湯に塩を溶かし、煎《い》ったサンショウの粒と、蒸留酒の「高粱《コーリャン》」を少々加えてから、たまごを入れる。塩水をやや塩辛い程度にするのがコツだ。約二週間たって、たまごが浮いてくるとできあがる。つくり方は簡単だが、失敗もしやすい。

泥漬けは確実だけれど、漬け方はやや面倒である。まず草木を焼いて、できた草木灰《そうもくかい》に黄土を加える。比率は灰が六割に対し、黄土は四割程度である。土と灰が三升に対し塩を一升使う。水の代わりに老酒《ラオチュウ》（紹興酒などの醸造酒）で調合する。

よくかき混ぜてから、たまごに塗り付ける。水を使わないのがポイント。たまごの気泡のある方を上にしてカメのなかにびっしりと並べる。十数日か半月で食べられるようになるが、食べるときには、泥をきれいに洗い落とし、そのまま茹でればよい。

殻がついたまま半分か四つに切って皿に盛る。気泡のところに小さい穴をあけ、箸で少しずつ取り出して食べることもある。黄身が赤くなり、なかから油がしみ出るようになるのがもっとも美味しい。

清代の詩人・蔡雲《さいうん》は、立夏の旬《しゅん》のものについて次のように詠んでいる。

消梅《うめ》　鬆脆《もろ》くして　鶯桃《おうとう》　熟し

穲麦《らいばく》　甘香《かんこう》にして　蚕豆《さんとう》　鮮やかなり
鴨子《たまご》　塩を調《ほどよ》くして　紅玉を剖《き》り
海螄《たにし》　饌《せん》に入りて　青銭《せいせん》を数《かぞ》う

梅やさくらんぼが完熟し、ハダカムギは甘い香りを放つ。そら豆も食べ頃になり、食卓には塩漬けたまごや、タニシが並べられるようになる、と初夏の風物が描かれている。「鴨子」とはアヒルのたまご、「紅玉」は塩漬けたまごの黄身の譬《たと》えである。たまごの黄身が真っ赤になり、包丁を入れると、まるで赤い玉を切るようだ、と「鹹鴨蛋」を形容しているのが興味深い。

塩漬けたまごは初夏の風物詩で、季節の飾り物でもある。茹でたたまごを小さな網袋に入れ、ネックレスのように子供たちの首を飾る。網袋はちょうど一個の塩漬けたまごが入るぐらいの大きさで、五色の細ひもで精緻に編まれている。下には房までついていて、かわいらしい民芸品でもある。立夏の日に、首にたまごをぶら下げた子供があちこちで遊び回るのを見ることができる。

「酒釀」は、立夏の日の儀礼食。

糯米を硬めに蒸し上げ、冷ましてから「酒薬《チューヨー》」と呼ばれるこうじを加える。

糯米のご飯とこうじとをまんべんなくかき混ぜたら、直径三十センチほどのカメに入れる。上から軽く押さえ、まん中に直径六、七センチほどの穴をあけて蓋をする。温度が低いと、酵母菌が働かないから、使わなくなった旧《ふる》い布団か、毛布で容器を覆う。数日経つと、「酒醸」ができあがる。

初夏のおやつとして、ひろく好まれているが、調味料としても用いられる。子供の頃から食べつけたわたしなど、「酒醸」と聞くと、甘い味と快い香りとともに、ああ、夏が来たんだな、という季節感をすぐに感じるのである。

日本では土用丑の日にうなぎを食べるという風習があるが、中国では立夏の日に「鹹鴨蛋」と「酒醸」を食べると、夏ばてをしないと言い伝えられている。

立夏の日には、また体重をはかる習わしがあった。街角で体重をはかる商売があって、いつも一分《イーフェン》（一元の百分の一）を払って、はかってもらっていた。この習俗がいつから始まり、なぜそうなったかは明らかではない。おそらく夏やせを嫌う心理のあらわれであろう。いずれにせよ、今では、すっかり昔語りになってしまった。

端午——名高い「嘉興ちまき」も今は

連日の雨で、家のまわりに緑はいっそう濃くなってきた。五月の下旬を過ぎると、東京では空気が湿っぽくなる。気温以上に蒸し暑く感じる点では、湿気の多い中国の江南とじつによく似ている。入梅の時期、梅雨の期間もそれほど変わらない。

端午の節句が近づくと、ちまきが無性に懐かしくなる。中国では端午節は旧暦の五月五日だから、日本より約一カ月の後である。

わたしの記憶のなかでは、端午の節句は正月につぐにぎやかな祭日である。さまざまな行事は目白押しで、子供たちはいつも興奮してはしゃいでいたものだ。

朝早くから家々のドアに艾葉《アイイエ》（よもぎの葉）と菖蒲《チャンプー》（しょうぶ）が飾られる。端午の節句の定番である「雄黄酒《シヨンホワンジウ》」（石黄を入れた酒）も邪気を祓い、解毒する作用があると信じられている。夕食のときに飲用するだけでなく、子供たちの額には厄除けとして、「雄黄酒」で「王」という字が書かれる。厄払いのために、人々は色鮮やかな布で作ったお守りを身につける。お守りには虎の形や、ハートの形をしたものがあり、いずれもなかに香料が詰められている。なかでも欠かせないのは、ちまきを食べることである。どの家でも三、四日まえから準備に取りかかる。ちまき作りには時間がかかるから、集合住宅の場合、主婦たちは日をずらして互いに手伝い合うこともある。一度に五キロ前後、約一週間分を作るのが普通である。

陸游の「隣家を過ぐる」という詩に

端午の数日の間
更に約して同《とも》に粽《ちまき》を解く

という詩句がある。ちまきを数日にわたって食べる風習は昔からあったらしい。

ちまきの種類は多く、地域によってさまざまである。上海のあたりでは、「大斧粽《ダーフーゾン》（斧型ちまき）」と「三角粽《サンジヤオゾン》（ピラミッド型ちまき）」が主流である。それぞれ名の通りの形をしている。前者には豚肉入りのと、こし餡入りのがあるが、後者は小豆《あずき》入りか、糯米《もちごめ》だけのものである。

端午の節句が近くなると、店でも売り出すが、ひと昔まえはほとんど手作りであった。市販のもののなかで、もっとも名高いのは「嘉興《かこう》ちまき」。嘉興は上海近郊の町で、特産のちまきは全国に名を馳せる。糯米にしみ込む葦や笹の葉の香ばしさと、柔らかくてそれでいて歯ごたえのある肉の美味しさが、ひろく人気を博している。

二年まえに上海に帰ったとき、まっさきに「嘉興ちまき」を買いに出かけた。が、店に入ると、愕然とした。ちまきの形は十年まえとまったく違い、醜い格好になっている。作り方も雑で、食べてみると信じられないほどまずい。経済成長の陰で、伝統のある食品が凋落していくのはなんとも寂しい。

日本の中華料理店にもちまきがあるが、外観も味も中国のと違う。第一、包む葉っぱが異なり、香りはまったくない。数年前に台湾の名だたる「点心」の老舗が東京に出店した。さすがに歴史のある店で、伝統の味はよく守られている。

わが家ではちまきを作るのはわたしの役目である。もともと調理が好きだから、まったく苦にならない。もっとも妻は作れないし、また作ろうともしないから、食べたければ「自力更生」しかない。

ちまき作りは下ごしらえが決め手である。まず、一日前から糯米を研ぎ、水を切ってから一晩干しておく。翌朝、一キロの糯米に百グラムの醤油という割合で味をつける。醤油を糯米にしみ込ませながらもう一度乾燥させる。脂身の少ないバラ肉を幅四、五センチ四方に切り、紹興酒と砂糖で調味した醤油に半日ほど漬ける。こうして、味つけした肉と糯米を熊笹の葉で包み込み、四、五時間かけてじっくり茹でる。

もっとも難しいのは中味を熊笹の葉で包み込むことである。練習を繰り返さないと、うまくいかない。無理に包んでも茹でるあいだにばらばらになってしまう。高校のときから挑戦し始めたが、マスターしたのは日本に来てからである。いまでは腕前がすっかり上達した。横浜中華街のちまきより遥かに美味しい、と友人のあいだでも評判になって、鼻高々なわたしなのである。

小暑――初物買いの行列も思い出に

アジサイが見事な花を咲かせている。長雨に染められるように、白い花弁は徐々に青くなってきた。夕暮れにそばを通ると、枝葉は薄闇に姿を隠し、球形の青と赤紫だけがぼんやりとかすんで見える。

上海の下町に育ったわたしにとって、アジサイは身近な花ではなかった。暑苦しい夏の日に心を潤してくれたのは、せまい路地のささやかな地面に植えられていたアサガオの花だった。明け方咲き、昼前には早くも凋んでしまう姿にセンチメンタルな感情をそそられたのだったのかもしれない。

夏の記憶としてもうひとつ忘れられないのは、小暑の頃に店頭に出回る西瓜《すいか》である。冷房はもちろん冷蔵庫もなかった時代に西瓜は暑気払いに欠かせなかった食物だ。

庶民にとって一家そろって西瓜を食べることは一種、楽しい儀礼のようなものだった。一連の「行事」は、西瓜の購入から始まる。経済の改革開放が実施されるまで、西瓜のイメージはなぜかつねに行列と重なっている。とりわけ一九六〇年代から七〇年代にかけては、西瓜はしばしば供給不足だったせいだろう。

西瓜の初物が市場に出ると、あっという間に噂がひろがり、店のまえにはたちまち長い行列ができる。炎天下でうちわをバタつかせながら並ぶ情熱は西瓜よりも、むしろ行列すること自体に向けられているようにも見える。

一般の家庭では毎日西瓜を食べる時間が決まっていた。午後のもっとも暑いときか、あるいは夜の夕涼みのときである。西瓜を冷やすために、午前中から井戸水に浸しておくが、井戸水を汲むのはむろん子供たちの役目だった。

中国人の西瓜の食べ方は派手である。なによりも食べる量は日本人より遥かに多い。大人は少なくとも一個の西瓜の四分の一を食べる。それも経済的な理由でセーブしているからだ。食べ放題なら、男はだいたい一個の半分ぐらいは簡単に平らげてしまう。

「南宋四大家」の一人范成大《はんせいだい》は「西瓜園を咏《えい》ずる」という詩のなかで、

碧蔓凌霜《へきまんりようそう》　軟沙《なんさ》に臥《が》し

年来処処《しよしよ》に西瓜を食《く》らう

と詠み、西瓜が栽培されている情景を描いている。十二世紀には西瓜がすでにひろく好まれたことがうかがえる。

西瓜は実だけでなく、種も皮もれっきとした食品である。どの家でも種は決して捨てなかった。西瓜を食べた後、種をきれいに洗い、天日《てんぴ》で乾燥させてから、保存する。旧正月になると、煎ってから落花生などとともに間食として食べるためだ。

食品店では「醬油瓜子《ジアンヨウグワズ》」(醬油味の西瓜のタネ)、「奶油瓜子《ナイヨウグワズ》」(バター味の西瓜のタネ)など、加工された西瓜の種は幾種類も売られている。大粒の種を取るために、特殊な西瓜も栽培されている。こうした西瓜は店内での食用に限られていて、しかも種は必ず店に残さなければならない。

下町の庶民にとっては、西瓜の皮も種とならんで、貴重な食材である。調理する前に、まず外側の青い部分を削り落とし、細切りにしておく。塩を少々振りかけ、そのまま漬けておく。一時間ほど経ってから、水を切ってサラダ油で炒め、醬油を加えてしばらく煮る。最後に細かく切った細ネギを入れるとできあがり。シャキシャキと歯触りがよく、味もあっさりしている。夏の夕食のおかずにぴったりの一品である。

「蜜餞《ミージエン》」という食品がある。各種の果物を砂糖漬けにしたものだが、西瓜の皮も主要な材料のひとつ。そのため、もっぱら皮を取るための西瓜も栽培されている。この種の西瓜は水っぽくて甘みはあまりないが、そのかわりに皮が厚い。中身は取り出され、ビニールの袋やプラスチックのトレーに入れて市販されている。

西瓜の原産地はアフリカで、中国に伝わったのは五代十国（九〇七〜九六〇）の頃と言われている。そのため か唐詩には西瓜という言葉は見あたらない。契丹《きったん》が回紇《かいこつ》を破り、西瓜を持ち帰ったのが、中国に伝わったきっかけだという。

大暑——暑さからの一時の解放求め

風鈴、浴衣とうちわ。夏を彩るこうした風物は、この頃あまり見なくなった。筆者が住んでいる横浜のニュータウンでは風鈴の音が絶えてすでにひさしい。なぜか、今年は虫の鳴き声さえほとんど耳にしない。いつもなら盛んに鳴いていたセミの声もいまだに聞いたことはない。夜になると、まわりはさびしいほど静かである。

風鈴の音を聞くと、いつも思い出すのは涼しいそよ風ではなく、ふる里のうだるような暑さである。庶民たちにとって、暑さ対策として有効なのは、「酸梅湯」を飲むことと、「夕涼み」をすることである。

現代の子供たちは夏の暑さをしのぐのに、冷やしたドリンクを飲み、アイスクリームを食べるのがごく当たり前のことである。だが、わたしの子供の頃、サイダーもジュースも贅沢品であった。ましてやアイスクリームは成人になるまで、数えきれるほどしか食べたことはない。そのかわりに、「酸梅湯」という清涼飲料水はよく飲んでいた。

「酸梅湯」の作り方は簡単だ。原材料は「烏梅《うばい》」という乾燥した梅、および乾燥したキンモクセイの花、漢方薬の甘草《カンゾウ》、氷砂糖と赤砂糖である。乾燥したサンザシを入れるとさらに美味しくなるが、もしなかったら入れなくてもできる。

まず、乾燥した「烏梅」とサンザシを水で戻す。柔らかくなったら甘草やキンモクセイの花といっしょにガーゼで包み、口をしっかりと縛る。大きな鍋に水をいっぱい入れ、ガーゼの袋を入れて強火で煮る。煮立ったら、氷砂糖か赤砂糖を加え、弱火でさらに五、六時間煮る。お湯の量が半分程度になったら火を止める。冷蔵庫で二時間ほど冷やすと、冷たい「酸梅湯」が出来上がる。昔は冷蔵庫がなかったから、冷ましてからさらに井戸水で冷やす。甘みと酸味がよく解け合って、何杯飲んでも飽きない。

ところが、作り方が簡単でも、誰でも上手に作れるわけではない。美味しい「酸梅湯」を作るには、長い経験が必要である。北京の「酸梅湯」といえば、「信遠斎」という店が有名である。それにまつわるある伝説がよく語られている。

文化大革命のあいだ、「信遠斎」が一時、軍事管理下に置かれた。派遣されてきた軍人たちは、職人が店長よりも高い給料をもらっていることに立腹し、彼の月給をカットした。それに反発した職人は店を辞めた。ちょうどそのとき、カンボジアの首脳が中国を訪問し、「酸梅湯」の味が変わったことに気づく。周恩来はそのことを知ってさっそく命令を出し、辞職した職人をすぐに現場に復帰させた。

「酸梅湯」がいつからあったかは、明らかではない。ただ、『水滸伝』には出てくるから、明代にはすでにあったのであろう。清になると、広く好まれるようになり、西太后も夏には飲んでいたという。実際、そのことが記録に残っており、当時は「烏梅湯」か「梅湯」と呼ばれていた。

コストが安いということもあって、庶民のあいだでも大人気であった。清代の詩人郝懿行《かくいこう》は『都門竹枝詞』のなかで、

銅碗声声街里喚　　銅のお椀の音が聞こえ、かけ声が町中に響く。

一甌氷水和梅湯　　（売っているのは）一杯の氷水と「梅湯」である。

と描き、「酸梅湯」を売るときの盛況を再現した。

ひと昔前、上海の夏といえば、〝壮観な〟夕涼みが名物だった。筆者もかつてはその大群に加わっていた。しかし、大学に入ってから、納涼をしなくなった。あれから二十年は経ったであろう。いまではただ幼時の想い出としてしか記憶に残っていない。

ひとくちに上海とは言っても、高級住宅街と民家が密集する下町とではまったく生活が異なっている。

夏の典型的な過ごし方として、下町では夕涼みが欠かせない。居住条件とも関係があるが、地域の住民にとって、夕涼みは大切なコミュニケーションの場であった。

夕方、太陽が沈みかけると、約束したわけではないのに、必ず誰かが出てきて、共用ベランダや、路地に水をまく。

熱くなったセメントから湯気が立ち上り、またたく間に乾いてしまう。二、三回くり返し水をまくと、あたりはしだいに気温が下がる。

五時を過ぎると、行水を済ました子供たちがいちはやくあらわれてくる。日中汗だくになって遊び回る彼らも、夕方になると、首に汗疹《あせも》予防の白いパウダーをいっぱいつけ、しばらくはじっと竹椅子に座っている。つづいて、主婦たちが出てきて、それぞれの家の前には、竹や木製の寝椅子の行列が出来上がる。

父親が帰宅すると、そのまま屋外で夕食をする家もあるが、たいがいは家で食事を済ましてから、屋外に出る。大人たちは雑談に花が咲き、子供はいつのまにかお年寄りのまわりを取り囲み、昔話や幽霊の話に聞き入る。

実家の隣に、お話の上手なおばあさんがいた。文字が読めないのに、八十を過ぎても明晰におとぎ話を語り、しかも年々重複したことはなかった。

夕涼みの風習は古くからあった。唐代の詩人・朱慶余《しゆけいよ》は「鳳翔西池《ほうしようせいち》、賈島《かとう》と納涼す」という詩のなかで、その様子について次のように詠んでいる。

四面無炎気、
清池闊復深。
蝶飛逢草住、
魚戯見人沈。
払石安茶器、
移床選樹蔭。
幾回同到此、
尽日得閑吟。

四面に炎気《えんき》無く、
清池闊《ひろ》く復《ま》た深し。
蝶飛び草に逢えば住《と》まり、
魚戯れ人を見れば沈む。
石を払って茶器を安《お》き、
床《ざ》を移して樹蔭《こかげ》を選ぶ。
幾回《いくたび》か同《とも》に此に到らん、
尽日《ひねもす》閑吟を得る。

池のそばで夕涼みをすると、まったく熱気を感じない。木陰で茶を入れ、のんびりと詩吟をする……。

郊外に隠遁生活を送っていたからだろうか、詩人が夕涼みをする場所は現在とまったく違う。納涼というよりも、避暑地のひとコマを描いたようである。

現代の夕涼みは子供たちにとってなお楽しい行事であっても、大人にとって風流なまねごとなどではない。ロマンチックな情緒はみじんもなく、ただ暑さからのひとときの解放を求めるに過ぎない。

経済開放の政策が実施されてから、多くのアパートとマンションが建てられ、住宅条件はかなり改善された。冷房も徐々に普及され、新しい団地に夕涼みの風景はほとんど見られなくなった。喜ぶべきことではあるが、なにかさびしいような気もする。

大暑――裁縫の上達願う「乞巧」の祭り

七夕の二日前、大学のキャンパスに入ると、一号館のピロティーに葉竹が二本立てられている。五色の短冊がいっぱい飾り付けられているので、つい立ち止まって見たくなった。さすがに若い者の願いごとであるだけに、「○○君といっしょになれるように」、「○○子ともっと話をしたい」、「恋が成就するように」といったものが多い。女子学生の〝作品〟には、肌がきれいに焼けるように、などもある。そのほか「単位がとれるように」のような苦笑いをさそうものや、「金が儲かりますように」といったほほえましいものもある。「昔は幼稚園や小学校でしかやらなかったんだがね。まあ、いまの大学は幼稚園みたいなもんだからな」と同僚の先生が照れくさそうに笑ったが、わたしにとってはたいへんおもしろい風習である。

昔、中国にも七夕があった。

牽牛《けんぎゅう》と織女《しょくじょ》の名は古く『詩経』に見られる。「小雅・大東」の「維《そ》れ天に漢有り、監《み》れば亦光有り。跂《き》たる彼の織女、終日七襄《しちじょう》す」に星の名前として出てきている。また節句としては遅くとも漢代にすでにあった。東晋の葛洪《かっこう》『西京雑記』のなかに、漢の女官は七月七日の夕に、七つの孔をあけた針に色糸を通す、と記されている。

多くの祝祭日と同じように、七夕も食物とともに記憶されている。ただ、時代の変化にしたがい、儀礼食も変わってきている。

六世紀、梁《りょう》の宗懍《そうりん》『荊楚《けいそ》歳時記』によると、七月七日は牽牛と織女の会う日で、庭には机や筵《むしろ》を置き、酒、干し肉、瓜や果物を供えて、（裁縫の）上達を願うという。もし蜘蛛が瓜の上に糸を張れば、願いがかなう、と信じられている。

唐になると、七夕の記録はいっそう詳しくなった。『開元天宝遺事』「天宝下・乞巧楼《きっこうろう》」によると、その日に宮中では錦を結んで高殿を作り、瓜や果物、酒や料理を供え、牽牛星と織女星を祀る。後宮の女たちは月に向かって、九つの孔のある針に五色の糸を通す。通せた者は「巧を乞いて」「巧を得た」とされる、とある。当時は宮中だけでなく、士族や庶民のあいだでも七夕祭りが盛んに行われていたらしい。

占いや願い事をする習俗は古くからあったが、牽牛と織女の恋物語は漢代の「古詩十九首」にさかのぼる。唐代になると、この伝承はすでに広く知られていた。白楽天は「七夕」という詩のなかで次のように描いている。

煙霄微月澹長空、
銀漢秋期万古同。
幾許歓情與離恨、
年年弁在此宵中。

煙霄《えんしょう》微月《びげつ》長空《ちょうくう》澹《あわ》く、
銀漢《ぎんかん》秋期《しゅうき》万古《ばんこ》同《おな》じ。
幾許《いくばく》か歓情《かんじょう》と離恨《りこん》と、
年年《ねんねん》弁《あわ》せて此宵《こよい》の中《うち》に在《あり》り。

煙たなびく夜空に月が現れ、秋の天の川はいつもと変わらない。再会の喜びと離別の悲しみが毎年くり返されるが、泣くも笑うも今宵のうちにある。このように詠んだ白楽天もおそらく子供の頃から七夕の伝説を何度も聞かされたのであろう。

現代中国では「乞巧」の風習はすでにない。日本のように、葉竹に五色の短冊を飾りつける風習は昔からなかったし、わたしにしても書物に記録されたような七夕祭りを一度も見たことはない。ただ、七夕の伝承はまだ語られているし、子供の頃「巧果《チャオグォ》」を食べる風習もなお残っていた。「巧果」とは「乞巧の菓子」という意味で、おそらく昔は七夕の日に食べたものであろう。しかし、一九六〇年代になると、七夕祭りと関係なく食べられている。店でも売っていたが、各家庭でも作っていた。作り方はそれほど難しくない。まず、小麦粉に適量の水と蜂蜜か砂糖を入れ、イーストを加えずによくこねる。好みで黒の煎りごまを入れたりしてもよい。しばらく寝かせてから、生地を薄く伸ばし、幅二センチ、長さ四、五センチほどの大きさにしておく。まんなかを縦二センチほど切り、片方をその隙間を通らせて、両端を軽く引っ張る。すると、複雑な幾何図形になる。後は油で揚げればできあがる。ほんのりとした甘みがあり、ぱりぱりして香ばしい。

文化大革命が起きると、店では「巧果」が消えてしまい、わたしの家でも作らなくなってしまった。ただ、山東省の一部の地域では、七夕に金魚、竹かご、蓮の花などをかたどった小麦粉の菓子を食べる旧習はいまでもある。広西チワン族自治区の百色あたりでは、七夕の早朝、川へ水を汲みにいく習俗がある。日本の若水《わかみず》を汲む風習とよく似ているが、「双七水」と呼ばれるこの水を飲むと、病気にかからず長生きできると信じられている。急速な経済発展のなかで、そうした風習もやがてなくなるかもしれない。

現代中国では「牛郎《ニウラン》」（牽牛の現代語）、「織女《ジーニュ》」には別の意味がある。とりわけ六〇年代から八〇年代にかけて、単身赴任のために離ればなれになった夫婦のことを指している。戸籍制度がきびしい現代中国では、農村から都市への人口移動を認めないばかりでなく、都市と都市のあいだも戸籍の移動はたいへん難しかった。たとえば夫婦ふたりがそれぞれ北京と上海に勤務している場合、どちらも配偶者の住む町に転居することはできない。一年のうちに会えるのはたった二週間の有給休暇の間だけである。そうした夫婦は中国語で「牛郎織女」と呼ばれ、いっときその数の多さで社会問題になっていた。わたしの姉夫婦も長く離ればなれになっていたが、結婚して十五年目にようやくいっしょに住むことになった。

重陽——髪には茱萸、酒には菊花を

うだるような暑さが過ぎ、早いもので秋風の吹く季節になった。夜、机に向かうとコオロギや鈴虫の快い音色が窓の外から聞こえてくる。カーテンを開けて見ると、遠くの家々の灯火に淡い哀愁がただよっているようにさえ見えてくる。日本に来てからいつも感じたことだが、中国の長江下流域の自然は日本と共通点が多い。四季折々の景色だけでなく、季節感や自然に寄せる人々の心情まできわめて似ているように思えてならない。

なんとなく寂しさを感じさせる秋には伝統的な祝祭日が少ない。八月から十一月までのあいだにわずか中秋節と重陽節だけだが、どちらも郷愁を誘う祝日である。中秋節は遠くにいる肉親が実家にもどり、一家団欒《だんらん》する日とされているが、実際には帰れない場合が多い。そんなとき、離ればなれになった肉親が同じ月を見れば、心が通いあうと言われている。

中秋節を過ぎ、十月に入ると、秋気がいよいよ深まってくる。子供の頃、間近にひかえた重陽の節句がひそかな楽しみであった。朝起きると、「重陽糕《チョンヤンカオ》」と呼ばれたケーキがすでに買ってあった。「重陽糕」とは厚さ三センチほどの菱形蒸しパンで、小麦粉か米粉《ビーフン》で作られていた。重陽の節句には、この「重陽糕」の上に彩色の旗を立てるのがならわしであった。旗とはいっても、大人の手のひらの大きさに過ぎない。細い竹の棒に三角形の色紙が貼り付けられているだけである。「今日は高いところに登って遠くを眺める日だよ」という母の言葉をよそに、われわれはぱくぱくと「重陽糕」を食べてしまい、紙の旗を手にしてさっそく家を飛び出す。色とりどりの紙旗を持った近所の友だちと合流し、いろいろな遊びに興じる。おもちゃの少なかった時代だったから、一本の紙旗はさまざまなイマジネーションを誘う遊び道具であった。六〇年代前半まで、上海あたりの重陽節はだいたいこんなふうに過ごされている。

古代ではだいぶ違っていた。旧暦九月九日になると、人々は山や高殿にのぼり、遠くを眺め、ふるさとにいる家族のことを思う。これを「登高《とうこう》」（高きにのぼる）という。王維は「九月九日山東の兄弟《けいてい》を憶《おも》ふ」と題する詩のなかで次のように詠んでいる。

独り異郷に在って異客《いかく》と為り、
佳節《かせつ》に逢ふ毎《ごと》に　倍《ますます》親《しん》を思ふ。
遥《はるか》に知る　兄弟の高きに登る処、
遍《あまね》く茱萸《しゅゆ》をはさんで一人《いちにん》を少《か》かん。

他郷で九月九日の重陽の日を迎え、ふるさとにいる身内の人々が思い出され、懐かしくてたまらない。兄弟たちも今日は高いところに登って頭に茱萸の実の房をさしているであろう。しかし、わたしひとりだけその場にいない……、と旅の途中にいる王維は自分の心情を吐露している。

茱萸とは「ごしゅゆ」、別名「カワハジカミ」のことで、秋になると赤い実が熟れて、サンショウのように辛い。昔、厄除《やくよ》けに使われていた。髪に茱萸をさし、菊の花を浮べた酒を飲み、高いところに登って、ふるさとの親族のことを思うというのは、重陽の節句の決まった儀式である。そうした習慣は漢代にさかのぼれるという説もあるが、遅くとも三国魏晋の時代にすでにあったことは間違いない。白楽天の「九日《きゅうじつ》　西原《せいげん》に登りて宴望《えんぼう》す」のなかには、

座を移して菊叢《きくそう》に就《つ》き
糕酒《こうしゅ》　前に羅列す

という詩句がある。「糕」とは菓子の一種だが、材料や外形など詳しいことは明らかではない。しかし早く、唐代に重陽の節句に菓子類を食べる習俗がすでにあったことは、この詩からうかがえるであろう。

それに比べて近代以降の重陽節はだいぶ簡略化された。わずかに昔の痕跡を留めたのは「重陽糕」を食べることだけである。文化大革命のあと「重陽糕」も買えなくなり、この祝日は日常生活からすっかり姿を消してしまった。

今年（一九九六年）の重陽の節句は新暦十月二十日。近代化を目指して猪突猛進する今日の中国にその旧習を思い出す人はまだいるのだろうか。

立秋――秋ナスの俗説

秋なすび嫁に食わすな、ということわざは面白い。二通りの解釈があるが、どちらにも一理あるようだ。じつは、中国にも似た俗説がある。ただ、日本と違い、ずばり「秋のナスには毒がある」、というものだ。子供の頃母からよく聞かされており、実際、立秋以降は一度も食べたことはなかった。

しかし、秋ナスがなぜよくないかは、ずっとよくわからなかった。日本のことわざを知って、調べることにした。

ナスはインドの原産だが、東アジアでは古くから栽培されていた。『斉民要術《せいみんようじゅつ》』には栽培法が記されているから、遅くとも千五百年前にすでに食用されていたであろう。『延喜式』にしたがえば、九五〇年頃には日本でも盛んに栽培されているという。

ところが、ナスが体にいいかどうかについては、唐代になってようやく文献に出てきた。孟詵《もうせん》『食療本草』には「落蘇」という名称で、ナスの薬効が記されている。ただ、「多く食べてはいけない」とあるだけで、秋に食べていいかどうかは書かれていない。
元代の『飲膳正要』巻三「菜品」は「味甘く、(性は)寒にして微毒あり」「多く食すべからず」とあるが、季節との関連性には触れていない。漢方医学では食物を「寒」と「温」の二種類に分ける。『飲膳正要』の著者忽思慧《こつしけい》は宮廷の医者で、漢方医学の見地から記述したのであろう。同じく元代の賈銘《かめい》『飲食須知』にも、ナスは「少量の毒がある」とした上、秋に食べると目に悪い、とある。

　時代を下って、明代の資料を見ると、李時珍『本草綱目』には「(性)寒にして」としながらも、「毒なし」としている。ましてや、秋のナスを食べてはいけないとは書かれていない。
清代の王士雄は『随息居飲食譜』「疏食類《そしょくるい》」のなかで「秋のナスには微毒あり、病人、食すべからず」とある。だが、同じ清の料理書でも、顧仲『養小録』には違うことが書かれている。「酒粕づけのナス」の作り方の紹介には、晩秋の「小ナス」を使うと、途轍《とてつ》もなく美味しいとある。果たしてどちらを信用したらよいか。顧仲が文人であるのに対し、王士雄は医者である。漢方医学の専門知識を持つほうが説得力があるのであろう。だとすれば、「微毒あり」と見るべきか。

　日本の文献を見ると、丹波康頼『医心方』にはナスの薬効が記されているものの、秋ナスについては触れられていない。ただ「微毒がある」ことは記されている。『本草綱目』は日本で広く紹介されていたことを考えると、「(性は)寒」いということは知られていたであろう。

問題を解く鍵は、おそらく「嫁」という言葉にあるのではないかと思う。漢方医学によると、妊婦は「寒」の食物を避けるべきだという。また、体を冷やすと妊娠しにくい、ともいわれている。そのことは江戸時代にも知られていた。もともと秋は体が冷えやすい。「秋なすび嫁に食わすな」は、妊娠によくないという発想から生まれたのであろう。美味しいから憎い嫁に食べさせないという解釈は、どうやら根拠に乏しいようだ。

ただ、ナスが体を冷やすというのも所詮《しょせん》俗説に過ぎない。晩年の毛沢東の食卓にゴマだれ入りのナス料理がよく並べられていたという。専門医が厳重にチェックしたメニューだから、もし体に悪いなら、選ばれなかったであろう。

ナスの調理法はたくさんあるが、わが家ではナス炒めが人気がある。サラダ油を使って炒めると、ナスには大量の油が吸収される。カロリーオーバーにならないために、自己流の炒め方を考案した。まず中華鍋を熱し、五分切りのナスを入れて炒める。やや水気が抜けたら、醤油と少量のサラダ油と水を入れてふたをする。全体が柔らかくなったら、二センチほどに切った万能ネギを入れ、ごま油を少々かけて出来上がり。風味はまったく変わらないが、カロリーは数分の一になる。

寒露——食卓囲み蟹を賞味するひととき

日本に来て十一年余りになるが、いまでも不便に思うのは、日本のこよみに旧暦の表示がないことである。中国では旧正月、中秋節などの祝祭日だけでなく、四十代以上の人は誕生日も旧暦で過ごすことが多い。伝統的な祭日はむろんすべて旧暦にしたがい、暮らしに関することわざでさえ旧《ふる》いこよみにもとづいている。

今年（一九九六年）の十一月のはじめは旧暦九月の終わり頃にあたる。「(旧暦) 九月には雌の蟹が美味しく、十月には雄の蟹が美味しい」ということわざがあるように、秋といえばまず上海蟹のことが思い出される。わたしなどはほとんどパブロフのイヌのように、反射的によだれが出てしまう。なにしろ上海人にとって蟹を食べることはお祭り以上に大事な秋の「行事」なのである。

毎年のことだが、晩秋の頃になると、上海市民の話題はもっぱら蟹のことに集中する。朝のあいさつにつづいて、蟹の話がいきなり登場し、茶の間でも、職場でもひいては通勤バスのなかでも、蟹のことで持ちきりである。今年は大漁だとか、前の年の乱獲で水揚げ量が減ったとか、蟹が小さくなったとか、はたまた今年は雌の方が美味しいとか、いや雄の方が美味しいとか、話のタネはつきない。夕食の後、友人などが訪ねて来ると、二、三時間もえんえんと蟹の話をすることも決して珍しくない。

たかが蟹、とはいえ、中国では上海蟹を食べることはずっとステータスシンボルだった。経済開放が実施されるまえには、金があっても必ずしも手に入るとはかぎらない。顔が広く、関係業界にコネがある人だけがまっさきにこの旬のものを味わうことができる。しかも、彼らは自分で買うのではなく、贈り物としてもらうことが多い。だから、誰よりも早く上海蟹を食べることは、それだけ交友が広く、社会的地位が高いことを示していた。

市場経済に移行してから、金さえあれば誰でも買えるようになったが、そのかわり蟹の値段は年々うなぎ登りに上がった。蟹が食べられることは高収入の現れであり、家族の自慢でもある。逆に蟹の買えない妻たちが枕元で夫の無能を責め、男たちを慌てさせたりすることもある。とにかく上海人の蟹食いにかける情熱は並大抵ではない。

「上海蟹」とは日本での通称で、中国語では「大閘蟹《ダージャーシェ》」もしくは「螃蟹《バンシェ》」という。上海の近郊で捕れる蟹の量はたしかに多いが、じつは長江下流ならほかの地域でも多く産出している。もっとも評判がいいのは「陽澄湖」の蟹。数年前に商標登録されており、出荷するときには産地を示す札がつけられている。上海だけでなく、中国のほかの主要都市にも運ばれ、香港や北京でも秋の味覚として珍重されている。

なにしろ高価なものなので、買う段階からして「真剣勝負」である。重さ二百五十グラムだと極上品だが、一匹百グラムもあれば十分美味しく味わえる。買ってきた蟹はまず鮮度をもう一度確認し、死んでしまっていたらその場で捨てる。死ぬと肉もくずれてしまい、食べるに食べられないからだ。

調理するまえに、まず一匹ずつ甲羅をつかまえて歯ブラシでエラや足の泥を落とす。蟹にかまれる恐れがあるから、すばやさと正確さが要求される。きれいに洗った後、一匹ずつたこひもでしっかりと縛る。蟹権侵害の嫌いはあるが、蒸すあいだに蟹が盛んに動き回り、そのためエネルギーがはげしく消耗され、みそや肉が減ってしまうから、やむをえない。最後にがんじがらめにした蟹を蒸籠《せいろう》に入れて二十分ほど蒸せばできあがり。袁枚《えんばい》の名著『随園食単』には、蟹は蒸すよりも薄い塩水で茹でた方がいい、と書いてあるが、いまではほとんど例外なく蒸すだけである。

秋の灯火のもとで、一家が食卓を囲み、紹興酒を飲みながら上海蟹を賞味するのはこの季節のぜいたくであり、人生の最大の享楽でもある。李白は「当塗《とうと》の趙少府長蘆《ちょうしょうふちょうろ》に赴《おもむ》くを送る」のなかで、

扇《おうぎ》を揺《ゆる》がし酒楼《しゅろう》に対し、

袂《たもと》を持《じ》して蟹螯《かいごう》を把《と》る。

と詠み、蟹のはさみを最高の珍味とした。また、「月の下《した》に独り酌《く》む　其の四」の

蟹螯は即ち金液《きんえき》、
糟邱《そうきゅう》は是《こ》れ蓬莱《ほうらい》なり。

という詩句からも見られるように、李白は蟹を仙薬に喩え、美酒を飲み蟹を食べることをユートピアの世界として歌い上げた。
程度の差こそあれ、同じ嗜好は現代の中国でもなお広く見られ、いまや上海蟹が秋の風物詩として市民生活のなかにすっかり定着している。

臘日——好みの食材をふんだんに

除夜の鐘とともに、一九九七年が訪れた。新しい年とはいえ、いま一つ実感がわいてこない。中国の暦を見ると、まだ丙子《へいし》（ひのえね）年のまま。丁丑《ていちゅう》（ひのとうし）年に代わるのは春節、つまり旧正月の元日である。

今年は二月七日が春節。一月いっぱいはなお「師走」のうちである。旧暦十二月のことは中国語で「臘月《ろうげつ》」と言い、十二月八日は「臘日《ろうじつ》」と呼ばれていた。「臘月」ということばは現在でも広く使われているが、「臘日」はもう死語になっている。しかし、その日の夕食に家々で「臘八粥《ラーバージョウ》」という、雑炊のような食物を食べる習慣はいまでも一部の地域に残っている。ちなみに、今年の「臘日」は一月十六日である。

「臘日」の由来は古い。漢代の文献にはすでに「臘日」ということばが見られ、『荊楚《けいそ》歳時記』にも「十二月八日を臘日と為す」とある。つまり、おそくとも六朝時代に「臘日」はすでに祭日として定着したことになる。しかし、「臘八粥」を食べる習慣はそれよりずっと後の時代にあらわれたようだ。杜甫には「臘日」という詩がある。

臘日《ろうじつ》常《じょう》年　暖　尚遥かなり
今年臘日《こんねんろうじつ》　凍《とう》　全く消《しょう》す
雪色《せきしょく》を侵陵するも　還《ま》た萱草《けんそう》
春光を漏洩するは柳條《りゅうじょう》　有り
縦酒《しょうしゅ》謀《はか》らむと欲す良夜《りょうや》の酔《よい》
還家《かんか》　初めて散ず　紫宸《ししん》の朝《ちょう》
口脂《こうし》面薬《めんやく》　恩沢《おんたく》に随う
翠管《すいかん》銀罌《ぎんおう》　九霄《きゅうしょう》より下《くだ》る

十二月八日に宴席で酒を飲み、皇帝からリップクリームやバニシング・クリームが下賜されたことが詩に詠まれている。ところが、「臘八粥」のことはまったく触れられていない。

民間の言い伝えによると、十二月八日は釈迦が成仏した日だという。『東京夢《とうけいむ》華《か》録《ろく》』には、十二月八日には大きな寺院では灌仏会を催し、「臘八粥」を作って信者に配り、世俗の家々でもさまざまな食材を入れた粥を煮て食べていた、と記述されている。宋代には、伝統の「臘日」の習俗は仏教儀式と融合し、「臘八粥」を食べることが民間行事のひとつになったことがうかがえる。

「臘八粥」とはさまざまな具を入れて作った粥のことである。ベースは米でも粟でもいいし、キビやコウリャンでもいい。江南地域では米しか使われていない。しかも、インディカ米ではなくジャポニカ米が用いられている。豆類はアズキ、緑豆やインゲン豆など、なんでもかまわない。本格的な「臘八粥」には蓮の実、松の実、クルミ、ナツメ、栗、アズキなどが使われるが、そのようなぜいたくな「臘八粥」は話を聞いただけで、実際には口にしたことはない。

わたしは大学に入り、寮に住むようになるまで、毎年「臘八粥」を食べていた。文化大革命のあいだにもその習慣は廃れていなかった。いまから考えると不思議な気さえする。

一口に「臘八粥」と言っても、使う食材が細かく決められていないから、好みによって好き勝手に食材を選んで、好みの味に作り上げることができる。だから、地域によって人によって味は大きく異なる。北方では甘く作るのが普通だが、江南では塩味のもある。
六、七〇年代には、副食品が不足がちで、ほしい食材が必ずしも入手できるとは限らなかった。そのため、「臘八粥」に使われる材料は毎年違っていた。ナツメ、黒クワイ、キクラゲのほか、乾燥そら豆をもどして使ったり、人参やチンゲン菜などを入れたりした。どれも値段がやすく、栄養価は高い。
作り方は普通の粥とほぼ同じである。豆や野菜などを研いだ米といっしょに鍋に入れ、適量の塩と菜種油で調味した上、弱火で煮ればいい。肉類が使われていないとはいえ、具が多いので、複数のうま味がとけ込んでいて、複雑な美味しさをつくりだしている。

上海の冬は寒い。屋外で遊び回ると、北風は身にしみる。暖房のない冬の夜に「臘八粥」を食べれば、汗をかくほど体が暖まる。生活を切りつめて毎日を過ごす庶民にとっては「臘八粥」の由来はどうでもよい。安くて美味しく食べられるのが、なによりもありがたい。

冬至——いまも日常生活の節目

夕方から雨が降りだした。本を読んでいると、雨が窓ガラスをたたき、北風に揺られて庭の木木がサラサラと鳴っている。なんとはなしに立ち上がり、本棚から地図帳を取り出して広げてみると、上海は東京より遥か南の方にあるのに気づく。

緯度で言えば、鹿児島県大隅半島の佐多岬あたりとほぼ同じだ。にもかかわらず、冬は東京よりやや寒い。雪は年に一度か二度しか降らず、寒波が南下すると、雲ひとつなく晴れ渡るのも関東平野とよく似ている。

江南の一帯では「小雪《しょうせつ》」を過ぎると、気温が急速に下がり、冬至の頃にはもう手が凍えるほどの真冬になる。

白楽天には「冬至夜」という詩があるが、そのなかに、

三峡南賓城最遠、　　三峡《さんきょう》南賓城《なんぴんしろ》最《もっと》も遠《とお》し、

一年冬至夜偏長。
今宵始覚房櫳冷、
坐索寒衣泥孟光。

一年冬至夜偏《よるひとえ》に長し。
今宵《こんしょう》 始めて覚ゆ房櫳《ぼうろう》の冷《ひや》やかなるを、
坐《そぞ》ろに寒衣《かんい》を索《もと》めて孟光《もうこう》に泥《でい》す。

という詩句がある。冬至になると、寒さが一段と身にしみてきて、思わず妻を煩わして厚い上着をかさねた、と詠んでいる。場所は長江の上流であったが、冬のきびしさは江南地域も変わらない。

古代には冬至は祝祭日で、先祖を祭るほか、正月のように互いに拝賀する習慣があった。五、六〇年代の上海にはそうした風習はすでにない。ただ、冬至の夜にはなるべく家族がそろって夕食をし、熱々の鍋料理をつつくくらいである。

といって、冬至は日常生活のなかで、ひとつの節目であることには変わりがない。いまでこそハウス栽培が盛んになったが、ほんの十年前までは、青物の確保は冬の一大仕事だった。もともと不足がちな野菜が、雪などで供給が途絶えたりすると、主婦たちはいつもながら慌てふためいたものだった。野菜の漬け物や肉の塩漬けはそうした不測の事態に備えるための保存食である。

秋口から始まる野菜の塩漬けと違い、肉類の保存加工は真冬に入ってから取りかかる。江蘇省や浙江省あたりでは、豚肉、鶏、アヒルや魚などの塩漬けをつくるのが春節（旧正月）を迎えるのに欠かせない行事のひとつだが、そうした作業はだいたい冬至の到来を待ってスタートする。旧暦の十二月中旬を過ぎると、気温が急に上昇するようなことがほとんどないからだ。

平均的な家庭では冬のあいだに皮付きの豚の腿を丸ごと一本塩漬けにするのが普通である。まず、適量の塩と山椒の実を中華鍋で十分間ほど煎る。山椒の香りが出ると、皿に移して冷ます。包丁で豚の腿肉に五センチほどの間隔をおいて切れ目を入れる。冷ました塩と山椒をまんべんなく肉に擦り付けてから、口の広い大きな陶器のかめに入れ、日の当たらない場所に置く。三、四日に一度上から下へひっくり返し、十日ほど経つと、取り出して日陰につるす。北風に当たらせながら、自然乾燥させる。

春節になると、ちょうど食べ頃である。新鮮なバラ肉といっしょに煮込むと、真っ白なスープができあがる。白菜や春雨を入れれば、寒い冬にもってこいの鍋料理になる。煮込んだ塩漬け肉を薄切りにすると、これだけで立派な一品となる。赤身の鮮やかなピンク色と、透き通るような脂身はまるで玉石の彫刻のように美しい。口のなかに入れると舌がとろけそうになり、酒の肴としては広く好まれている。

冬至が過ぎると、子供たちは春節が待ち遠しくなる。小学生の頃、よく「九九の歌」を口ずさんだものだ。冬至から九日間ごとに気候が変化する様子を読み込んだ歌である。

一九、二九には手を（袖から）出さない
三九、四九には氷の上を歩く
五九、六九には川辺で柳（の新芽）を見る
七九には河の氷が溶け
八九にはツバメが飛んでくる
九九から九日過ぎればあちらでもこちらでも牛が代かき

地域によっていろいろバージョンがあり、表現もそれぞれの地方の気候に合わせて微妙に異なるが、冬至から数えて八十一日過ぎると、春が来るという点ではどこも同じである。

調べてみると、この童謡は宋代にすでにあったという。意外と歴史が古い。しかし、七〇年代に入ると、しだいに聞かれなくなってしまった。暖房が普及したことと、子供たちの〝自然離れ〟のせいではないだろうか。

三　中国・日本・韓国の食卓から

◎哺父図

生で食うか炒めて食うか

はじめて日本を訪れる中国人にとって、もっとも驚くのは食卓に生《なま》のものがそのまま出されることであろう。わたしもかつて同様の経験をした。

十三年まえ二週間ほど東京に短期滞在したことがある。その間、招待側の好意で外食する機会を与えられた。日本の食文化を理解するよいチャンスだが、われわれにはひとつの悩みがあった。中国人は平均的に日本人より食が太いため、どこの料理屋もご飯や料理の量は足りない。わたしもほかの中国人と同じように、いつも一品ぐらい多く取っていた。

ある日、新宿の大衆食堂で定食以外に何かを取ろうとしてメニューを見たら、たまご五十円と書いてあるのが目に入った。当時の中国ではたまご一個は一杯のラーメンと同じ値段だから、五十円では考えられないほどの安さである。さっそく注文してみたら、運び込まれてきたのはなんと割っただけの生たまごであった。そのときのショックはいまも忘れられない。

中国人は長い間、生のものをほとんど食べなかった。むろん夏にはトマトやきゅうりをそのまま食べることはある。しかし、それは果物と同じ感覚で食べるのであって、誰も料理とは思わない。事実、前菜の飾りつけをのぞけば、生の野菜は食卓にのぼらない。醤油とゴマ油で調味したきゅうりのあえ物は例外中の例外である。

中華料理にはもともとサラダの発想はない。トンカツとひとつの皿に盛られた細切りのキャベツは、中国人にとって、ペットフードを食べるようなものだ。生のキャベツは鶏のえさに過ぎないからである。

食物なら何でも火を通してしまう文化のなかで育った者にとって、生ものはたんに口に合わないだけではない。身体も受け付けないようだ。わたしは日本に来てから、刺身が食べられるようになるまで、二、三年もかかった。牛刺し、馬刺しや鶏刺しはいまでも苦手である。人間だけではない。中国では猫も生の魚を食べない。餌は、必ず一度熱を通してからやるようにしている。たまに猫が生の魚を盗み食いすると、三十分以内に決まって苦しそうに吐いてしまう。ペットの賞味慣習は飼い主と似るのかもしれない。

ただ、中国でも民族によっては生の魚を食べる例もある。黒龍江省のホーチャ族は漁労を業とするからか、刺身と似たような料理を食べる。魚をまず三枚に下ろし、身も皮もそれぞれ細切りにする。酒と醤油にネギを加え、かき混ぜてからどんぶりに盛る。皮も食べる点をのぞけば日本の刺身とほぼ同じである。

広東では生の魚を薄く切って、熱々の粥に入れて食べる習慣がある。魚が半煮えになっているから、むろん「生」ではない。風味も刺身とはまったく違う。しかし、現在は、地元政府はこうした食べ方を厳禁している。料理に使われた川魚には寄生虫が多く、それが原因で目がつぶれる者が続出しているからだ。衛生当局は毎年取り締まりを強化しているが、それでも失明の危険を冒して、美味を求める人々は後を断たないという。

韓国では火を通して食べることが多いが、日本と同じように刺身も食べる。寿司や刺身はわさびと醬油をつけて食べることもないではないが、多くの場合、韓国独特のタレが使われている。唐辛子が原材料のからみそをすっぱくし、ゴマ油を入れて調合したものである。キムチと同じような激辛だが、韓国の方々はそれを聞くだけで、よだれが出てくるという。刺身を食べるときにこの種のタレは欠かせない。

さまざまな調理法のなかでも、「炒め」は中華料理の極致である。摂氏二百度の高温で一気に仕上げるので、材料の中の余分な水分を短時間のあいだに取り除くだけでなく、うま味を封じ込めることができる。

わが家では週に一回ぐらいはわたしの方が台所に立つ。得意料理は「刺身炒め」。材料はむろん刺身用のマグロか鯛である。スーパーで薄く切ったのがパックで売っているから、簡単に入手できる。値段はやや高いが、鮮度がよいから、やむをえない。中華鍋にサラダ油を熱し、刺身を入れて炒める。色が変わったら、紹興酒、醤油、砂糖を加え、いったん皿に移す。次はタケノコ、椎茸と長ネギをさっと炒める。最後に炒めた刺身と茹でたグリーンピースを入れ、混ぜ合わせて出来上がり。酒によし、ご飯によしの一品である。

グローバル化の余波は生活の細部まで及んでいる。生の魚を決して口にしなかった中国人も最近は大きく変わりはじめた。日本料理店が進出し、流行の先端を行く人たちは刺身や寿司を好んで食べるようになった。とりわけ、若い人たちはもはや生ものにほとんど抵抗はない。以前、東京を訪れた北京の大学教授を食事に招待したことがある。何料理にするか聞くと、言下に「日本料理だ」という答えが返ってきた。北京でもときどき日本料理を食べているそうだ。

中華料理にも決定的な変化が起きた。レストランを経営する友人に、いまどんな中華料理がもっとも人気があるか、とたずねると、「竜船」だという。「竜船」とは竜をかたどった船の形をした食器を指す。ロブスターの刺身を盛るのに使われているから、このように呼ばれている。高価な料理にもかかわらず、人気は絶大だという。

経済の一体化が進むなかで、食習慣も確実に変容しているのである。

箸の美学と箸の作法

数年前のお正月に友人の家に招待され、お節料理をごちそうになったことがある。鯛、数の子、栗きんとん、黒豆など一つ一つ味を楽しみながら、その名前に込められた意味について、主人からの説明に耳を傾けていた。なかでもとくにカラスミはたいへん珍しいそうで、ぜひ味わってほしいと勧められた。ところが、わたしはその料理からもっとも遠い席に腰掛けており、大きいテーブルをはさんで、手がなかなか届かない。そこで、反対側に座っていた妻が箸で一つつまみ上げ、こちらの方に差し出した。なにも知らないわたしは当たり前のように自分の箸で受け取ろうとした。二人の箸が空中で近づいた瞬間、誰かがあっと驚きの声をあげた。まわりを見ると、一座がびっくり仰天した表情でこちらをじっと見つめていた。来日してすでに四、五年経ち、日本の事情がかなりわかっているつもりのときであった。

中国は日本と違って、渡り箸のタブーはまったくない。もちろん日常的によくある行為ではない。しかし、家族全員が同じ皿のおかずをつつき、お客さんに料理を取ってあげるのが親切だとされる文化だから、日本より箸と箸の「交流」は盛んである。

韓国でも渡り箸は行為としてはタブーではない。ただ、箸で料理を取ってあげるのはもっぱら目上の人から目下の人に与えるときに限られているから、与えられた人はお皿で恭《うやうや》しく受け取らなければならない。箸から箸へ食物を渡すのは礼儀の上でまずありえない。

現在、全世界で箸を使っている国は日本、朝鮮半島、ベトナム、シンガポール、中国などわずか数カ国に過ぎない。しかし、箸を使うマナーはそれぞれ微妙に異なっている。日本は中国と同じように飯もおかずも箸を使って食べるが、韓国では飯や汁のあるおかずは匙《さじ》、汁のないおかずには箸というふうに使い分けている。食事のあいだに箸よりも匙の方が多く使われている。日本では味噌汁を飲むときも具は箸を使って食べるが、韓国では匙を使わなければならない。中国でも一般に匙でスープを飲むが、しかし、箸を使っても行儀が悪いことにはならない。また、日本では箸で飯をすくって口に運ぶのが正しい食べ方だが、中国人はおわんに口を当てて箸で飯を口のなかに掻き込むのが普通である。

そもそも日本、韓国、中国の箸はそれぞれ形が違う。日本の箸はさきが尖っているのに比べ、中国の箸は尖っていない。形は食べ物をはさむ部分が円柱形で、手で持つ部分は長方体である。長さも日本の約一・五倍ぐらい。また、箸にはよく唐草、鳳凰などの紋様や縁起のいい言葉が描かれたりしており、結婚祝いなどのプレゼントとして贈られることもある。朝鮮半島の箸は大きさが中国に近いが、形は日本のと同じように、先の方がだんだん細くなっている。

食卓での箸の置き方もそれぞれ違う。中国では箸がお皿かおわんの右側に縦に置かれているのに対し、日本ではお皿の手前に横に置かれている。日本の中華料理屋は箸を横に置くところが多いが、それはすでに日本化した置き方である。中国では箸を縦に置く習慣はかなり古くまでさかのぼれる。五代南唐（九三七〜九七五）の画家顧《こ》閎中《こうちゅう》の「韓熙《かんき》載夜《さいや》宴《えん》図巻」という絵巻に、箸は縦に置かれているのが描かれている。その点では韓国も中国とまったく同じで、箸は必ずおわんの右側に縦に置く。

子供の頃、箸のまんなかの部分を持たないと必ず親に怒られた。手で持つ部分が箸のさきから遠く離れれば離れるほど、大きくなると親元から遠く離れてしまうと言われているからである。日本では箸は短いから、頭の部分を持たざるをえない。中国だとはなはだ不作法な持ち方になる。

豆腐の落とし穴

ここ数年、日本と中国のあいだの経済交流は急速に拡大し、ビジネスのために来日する中国人も年々増えている。しばらく前、ひょんなことから、上海から来たビジネスマンの通訳を手伝ったことがある。見学や研修が無事に終了した後、受け入れ側の配慮で一行は関西経由で帰国することになった。京都でお寺や旧跡をめぐり、古都の美しい景色を満喫した後、豆腐料理で名が知られる料亭に案内された。きれいな庭のなかにある料理屋の奥ゆかしいたたずまいと、落ちついた雰囲気を見て、彼らは今晩こそ盛大な宴会があるに違いないと確信した。丸焼き子豚か、松坂牛のステーキかと、おのおの想像しているところへ、豆腐の前菜が運ばれてきた。彼らは驚きながらも、次の料理に期待していた。しかし、ごま豆腐、ひややっこ、湯豆腐、焼き豆腐の甘露煮など、次から次へと豆腐料理が出てきたのを見て全員の驚愕は憤慨に転じた。

「明日帰国するというのに、豆腐なんかを食べさせるとは何事だ」

「日本側が中国に来たときには親切にもてなしたはずだが、なぜここまで嫌がらせを受けなければならないのか」

と口々に言って、通訳のわたしに食ってかかった。わたしがいくら日本の習慣を説明してもなかなか納得してもらえない。

中国の江南地域では豆腐は葬式の食べ物で、祝祭日やお客さんを招待するときには絶対出さない。江蘇省や浙江省の一部の地区では、葬儀が終わったあと、出席者たちを食事に招く風習がある。そのような食事のなかに焼き豆腐や豆腐炒めなど、必ず豆腐料理が一品入っている。これを「吃豆腐飯《チードウフファン》」（豆腐飯を食べる）という。ほんらいは精進料理を簡略化したものだが、いつのまにか庶民の間に定着した。ふだん家族だけの食事ではよく豆腐を食べるにもかかわらず、結婚披露宴や誕生日パーティーはもちろん、家族の誰かが旅に出かけるときにも決して豆腐を食べない。

わが家でもお客さんが来るときにはぜったい豆腐料理を出さない。日本には長く居住しているにもかかわらず、毎年旧正月になると、必ず三が日を確認し、うっかりして食べることがないように、数日前から豆腐を買うのを控えている。

興味深いのは、同じ中国でもほかの地域ではそのような習慣はない。葬式のあと、関係者を招待する風習は各地でそれほど変わりはないが、豆腐料理を食べなければならないこともないし、また、お客さんを招待するときに豆腐料理を出しても失礼にはならない。日本ではよく中国のことをひとつのイメージで捉えようとする傾向があるが、じつは同じ中国でも地域によって風俗や習慣は大きく異なっているのだ。

さかのぼれば昔、豆腐にはそのようなイメージはなかったかもしれない。清代の料理書である『調鼎集』には豆腐はれっきとした料理として宴会のメニューに名が載っている。近代文学者である梁実秋の回想によると、一九二〇年代にも上海のレストランでは豆腐料理は宴会に出てきたという。しかし、いつからか一部の地域では豆腐料理は葬式の食べ物になってしまった。そもそも、文化はつねにダイナミックに変化しているから、昔の風俗が残らないのもまったく不思議ではない。古代中国の尺度を現代中国に当てはめようとすると、かえって間違ってしまうこともある。

韓国では豆腐を食べる歴史はあまり長くない。一説には植民地時代に日本から持ち込まれたという。そのこととも関係があるからか、豆腐を食べるにはなんらタブーはない。食べ方としては、ひややっこのように生《なま》で食べることもあるし、湯豆腐のように熱を通してから食べることもある。また、フライパンで焼いて醤油や野菜を入れて調理したり、キムチ鍋に入れたりするのも日常的な食べ方である。そのため、日本に比べて、絹豆腐よりももめん豆腐の方を多く食べている。

韓国には豆腐にまつわる興味深い風習がある。囚人が服役を終え刑務所を出るとき、出口で待っている家族や友人は門のまえで、いきなり味付けをしていない、生の豆腐を食べさせる。韓国では豆腐はたいへん安く、刑務所でよく食べさせられているという。この儀式を通せばもう二度と入らなくてすむ、というのが理由である。一丁の豆腐に、更生してほしいという家族のつよい願いが込められている。

しんどい通過儀礼

まだ中学生の頃のことである。ある知人の家で八十一歳の老人が亡くなった。天寿を全うしたのだから、親族たちにとって、ほんらい喜ぶべきことではないにしても、さほど悲しいことでもないはずだ。中国はいまでこそ高齢化が進み、大都市では平均寿命が七十歳を超えるようになったが、ひと昔前までは、六十五歳以上なら長寿と見なされていた。一部の地方では、八十歳を過ぎてから亡くなると、葬式のあと隣近所の人たちが飯をもらいに来る風習がかつてあった。その飯を食べると長生きできると信じられていたからだ。

しかし、八十一歳の父親に死なれた知人の家では大騒ぎになった。というのは、彼のふるさとの風習によると、親が八十一歳で死んだら、息子が乞食になると言い伝えられているからだ。彼の家は大家族で、息子は何人もいた。自分たちがホームレスになってはたまらない、そう思って彼らは物知りの長老に何かいい対策はないかと聞いた。さいわい、風習というのは奇妙なもので、フォローする方法はちゃんと用意されていた。

もともと乞食になるとは言っても、一万軒もの家をまわれば乞食の役目もだいたい終わると考えられていた。ならば、万という苗字の家に行って乞食をすると、一軒の家が一万軒の家にあたる。つまり、一回乞食をするだけで済むわけだ。それが厄難を避ける方法だと言われた。

知人は何日もかかってようやく隣の町内に万という苗字の家があるのを突き止めた。友人を通してなんとか紹介してもらい、手みやげを持参して訪ねることができた。事情を聞いた万家の主人はこころよく依頼を引き受けた。

約束の日になると、滑稽だが壮観な一幕が演じられた。ぼろをまとった数人の男が列を作って、万の家を目指して出かけた。娘はいずれよその家に嫁ぐから災いは降りかからず、この儀式に加わる必要はない。男だけで乞食チームを組めばよい。万家の玄関先に着くやいなや、彼らは持っていた碗を差し出し、「飯をめぐんでくれ」と哀願する。万家の主人が気前良く飯をくれてやると、「乞食」たちは一斉に礼を言い、ありがたく飯をいただいて退散した。

あまりにもおかしかったので、その日の食卓で兄たちと笑いながら話をしたら、母は、うちのお爺さんも同じことをしたよ、と思わぬことを教えてくれた。じつは、祖父のふるさとである江蘇省南部の小さい町にも同じ風習があった。父方の曾祖父は八十一歳で亡くなったため、ひとり息子の祖父は慣例にしたがい乞食に扮して、万という家に行って乞食をしたという。

似たような風習でも、浙江省のある地域では違う「対策」がある。八十一歳の人が死ぬとき、家族はあらかじめそろばんをばらばらにしておき、老人が息を引き取った瞬間、ばらばらにしたそろばんを窓の外に投げ出す。これで厄払いになるそうだ。

ただ、そのような風習は中国の江南地方でも一部の地域にしかなく、違う地方出身の友人に何人か聞いてみたが、みな知らないという。かつてそうした風習があった地域でもここ数年の経済成長のため、いまではすっかり過去の伝説となった。

親族が亡くなった後の通過儀礼として、中国で共通していることがひとつある。それは実の子が声をあげて泣かなければならないことだ。とりわけ、息を引き取った直後と、出棺のときと、五七日《ごしちにち》の祭祀に大声で泣くのが基本的な儀礼である。そのとき必ず女性たちが主役になる。しかも、ただ泣くだけではすまない。涙声で悲しみをことばで訴えたり、ひつぎが運び出されるときには、ひつぎにすがったり、止めたりするようなしぐさをしなければならない。言い伝えによると、人は死んだ直後に声を出して泣く人がいないと、その死者が生まれ変わったとき啞《おし》になるそうだ。また、死後三十四日間、死者の魂は広野でさまよい、自分がすでに亡くなったことを知らない。三十五日目になると、三途の川を渡り、「望郷台」に登って振り返る。そのとき肉親が泣いているのを見てはじめて自分があの世に行ったことを知るという。五七日祭祀のときに大声をあげて泣くのはそのためである。

日本にはそのような習慣がないから、中国人の葬式の光景は奇妙に見える。それに対し、朝鮮半島の人びとは中国人と同じように葬式で大声をあげて泣き、身ぶりで悲しみを表現する。それが死者に対する敬意の現れでもある。

葬式にまつわる習俗はたいへん煩雑である。そのため、現代日本では葬儀屋の言いなりになることが多い。東京では香典返しにお茶を送ることが一般的だが、中国では食品の「雲片糕《ユンピエンガオ》」を贈与することが多い。「雲片糕」とは白玉粉を使った菓子である。一枚ずつ薄くはがすことができるから、この名前がついている。縁起のいい赤紙で包装されているから、葬式のあともらうと、厄払いになると言い伝えられている。

断りたい祝福

もうだいぶ以前のことになるが、テレビで「電波少年」という番組をやっていた。その手の番組は、たまにはおもしろいのもないわけではないが、だいたいは幼稚で、かつ内容が愚劣だ。そのため、ふだんなんとなく敬遠していた。

ところが、その日は司会者である松本明子の「巨人の長嶋監督に赤いチャンチャンコを着せてやりたーい」のひと言に興味をそそられた。

「赤いチャンチャンコ」のことはまえから知っていたが、実際見たことは一度もなかった。いつものように松本明子はアポ（事前の約束）なしで還暦を迎えた長嶋監督を直撃し、むりやりに赤いチャンチャンコを着せようとした。長嶋監督はその場で着るのを断ったが、意外にも赤いチャンチャンコのプレゼントを受け取ることにした。

これはたいへん興味深い風習である。というのは、日本と同じように中国も昔、干支で暦を表示しており、「還暦」を祝う習慣はいまでもある。ただ、ことばが違い、還暦のことを「花甲《ホアジア》」

という。考えてみれば、還暦に赤いチャンチャンコを着る風習は中国にあってもおかしくない。しかし、わたしの知っているかぎりでは、中国のどこにもそのような風習はない。還暦は重要な誕生日ではあるが、かといってなにか特別な儀式があるわけではない。家族で誕生日パーティーをあげればよい。そのかわり一部の地域では六十六歳が重要な節目になる。

わたしのふるさとでは、六十六歳の誕生日に、肉の角煮を六十六個食べる風習がある。しかも、肉を買うことから、調理まですべて娘がやらなければならない。もし娘がいなければ、姪が代わりにやる。息子はもちろん、嫁にもその資格はない。言い伝えによると、もしそうしなければ、その年のうちに閻魔《えんま》に召されて、あの世で招待を受けることになるという。

わたしの父はちょうど文化大革命が終わった直後に六十六歳を迎えた。その日たまたま休みだった二番目の姉が、調理役を一手に引き受けた。角煮の作り方はある程度自由で、肉を六十六個に切ってから調理してもいいし、調理してから切ってもよい。ただ、いずれの場合もちょっとした工夫が必要だ。どんなに元気な老人でも、豚肉の角煮を六十六個も食べれば、それこそ閻魔に召されてしまうだろう。むろん誰もそんな愚かなことはしない。

姉は朝早く市場に出掛け、やや硬めの、豚のもも肉を買ってきた。たこひもで縛り、醤油や砂糖などを使って、じっくり煮込んだ。角煮が出来てから、今度は五ミリほどの正方形に切る。これは思ったより根気のいる作業である。というのは、約三分の一ほどの肉は形がくずれ、使えなくなるからだ。姉は多めに切り、そのなかから形がよく、くずれる心配のないものだけを選び、ちゃんと六十六個を数え上げてから皿に盛る。すべての作業が終わる頃には、日はとっぷり暮れていた。

夕食の前に、紹興酒を飲みながら、父はひとりでこの特別な料理を食べ始める。家族が見守るなかで最後の角煮を平らげてから、家族全員と夕食につく。箸でひとつひとつつまみ上げるのがいかに難儀だったかは、いまでもはっきりと覚えている。

じつはこの習俗は浙江省と江蘇省南部にしかなく、北方はもちろん南部地域の福建省や広東省にもないという。ただ同じ長江下流地域でも地方によっては細かいところで微妙に違う。浙江省では、六十六歳の誕生日の前日にこの儀式が行われる。寧波、舟山では、できあがった角煮に糯《もち》米《ごめ》の飯一膳とネギを一本添えて、娘が窓から父（あるいは母）親に手渡さなければならない。湖州では角煮の下にピーナツを敷くのがならわしである。中国語では落花生は別名「長生果《チャンシエンクオ》」つまり「長生きのナッツ」という意味だからである。また、地方によっては調理が簡略化され、普通の大きさの角煮六つと、小さいのを六つ作ればよい。

韓国語にも「還暦」に相当することばがあり、「還暦」祝いをするのも同じである。しかし、六十六歳になっても特別な儀式はしない。六十歳の誕生日に盛大な祝宴を催すのは中国と似ている。違うのは中国より遥かに派手なことだ。しかも、結婚披露宴を再現する形で行われているので、還暦を迎えた本人だけでなく、夫婦そろって民族衣装を身につけて、新郎新婦のように宴会場に臨まなければならない。祝福を受けた方はみな喜んでいるというが、わたしに言わせれば、まだ豚肉の角煮責めの方がましである。

花よりラーメン

異国の人と食事をともにするとき、しばしば思わぬ出来事に出会ったり、新しいことを発見したりする。わたしもそんな経験がある。

かれこれ十数年前になるが、東京の友人を上海の自宅に招いたことがある。たまたま彼は中国旅行中に誕生日を迎えたので、料理といっしょにラーメンを食卓に並べた。彼は一瞬、戸惑いの表情を見せたが、すぐに紳士的な冷静さを取り戻した。もちろん、事情を理解したわけではない。とりあえず沈黙で急場をしのごうとしたのは明らかだった。しかし、「誕生日祝いのほんの気持ちですが」という母の言葉がいよいよ彼の頭を混乱させたようだ。しばらく間をおいて、彼は低い声でたずねた。

「聞いちゃすみませんが、ラーメンと誕生日とはどんな関係があるのですか」

「ご存じないのですか。中国では誕生日にラーメンを食べて祝うんですよ」

「ほんとうに？　でも、なぜラーメンなのですか」

「ラーメンは長いので、中国では、長生きの象徴として誕生日を祝う儀礼食となったのです」と説明すると、彼もようやく納得した。

中国では、貧富の差や社会的な地位にかかわらず、誕生祝いといえば、どの家でもラーメンを食べる。庶民はラーメンに豚ロースの醬油煮をのせるだけで大満足だ。金持ちの誕生日の祝宴でも、豪勢な料理の最後には決まってラーメンが出る。宴席の参加者は、ほんの一口でもいいから、出されたラーメンを必ず食べなければならない。そうしないと失礼になるからだ。

ひと昔前、ラーメンは誕生祝いの手みやげでもあった。『紅楼夢』にも賈宝玉《かほうぎょく》の誕生日にラーメンが贈られていたことが描かれている。誕生日にラーメンを食べることもそうだが、ラーメンの贈答という習慣がいつから始まったかは明らかではない。現在、都市部ではなくなったが、一部の農村には誕生日にラーメンを贈答する風習がなお、残っている。

中国人が誕生日の祝いにラーメンを食べるという習慣は、社会主義体制になってもまったく揺るがなかった。古いしきたりが一掃された文化大革命のさなかにも健在だった。それだけでなく、六〇年代の終わり頃から数年間は、毛沢東の誕生日になると、学校や会社の食堂ではいっせいにラーメンを作り、有無をいわせずに誕生日祝いをさせていた。

もともと中国には、「寿桃《スオトオ》」という誕生祝いの儀礼食がある。糯米《もちごめ》とうるちの粉に砂糖をまぜ、十分こねてから蒸籠《せいろう》に入れて蒸しあげる団子である。桃は、古くから長寿のシンボルであった。伝説によると、仙境の桃の木になるのは「仙桃」といって、食べれば不老不死になるという。「寿桃」は「仙桃」にあやかって作られたもので、形が桃に似ていて、尖っている部分の色もピンクに染められている。地方によっては、小麦粉で「寿桃」を作るところもある。いわば、中国式の誕生日ケーキであろう。小麦粉で作った「寿桃」は小豆《あずき》あんのものもあれば、中身がない場合もある。いずれも発酵して作られたもので、実際は桃の形をした饅頭である。

誕生日の祝宴に「寿桃」を出す風習はいまも各地に残っている。小麦でできた「寿桃」を割ると、なかから多くの小さい「寿桃」が出てくる、というおもしろい仕掛けが用いられる場合もある。

四川省の一部の地域では、誕生日祝いに亀を食べる。古代、亀は長寿のシンボルだったので、あるいはその名残かもしれない。ただ、これはかなり特殊な例で、ほかの地域では見られない。縁起のいい食べ物がある一方、口にしてはいけないものもある。北京では、誕生日にギョウザを食べない。ギョウザを作ると「捏寿《ネイスオ》」、つまり寿命が縮まると言い伝えられてきたからだ。

韓国には誕生日にラーメンを食べる風習はない。しかし、誕生日祝いにワカメ入りのスープを飲み、「シルートック」という独特の儀礼食を食べる。円筒形のつぼの底に、炊いた糯米を薄く敷き、その上に小豆を広げる。その上に糯米、さらに小豆と、層になるようにくり返し重ねていく。容器いっぱいになったら、つぼごと蒸す。蒸しあがったら、つぼをひっくり返して中身をまるごと出して、縦に数枚に切る。さらに小さな四角に切っていくと、糯米と小豆縞模様になった餅ができあがる。子供の誕生日に、この餅は欠かせない。

中国吉林省の朝鮮族にも似たような食べ物がある。糯米と小豆を重ねて作る点では同じだが、できあがってから細かく切らない。赤い唐辛子で「寿」という字を飾り付け、そのまま食卓に出す。その名を「寿桃」という。

現在日本では、誕生ケーキがはやっているが、明治時代以前は赤飯を炊いて誕生日を祝っていた。ただ、赤飯はほかの祝いごとにも用いられていたから、誕生日祝いだけの儀礼食とはいえない。いずれにせよ、かつて東アジアの慶祝には共通して糯米が使われていたのは興味深い。

四　酒三題

◎酒に酔って猛虎と闘う武松（『水滸伝』より）

紹興酒の涙

二十年近く前のことだが、日本に来たばかりの知人が「日本では飲酒運転をしてはいけないのですか」と、電話の向こうでたいへん驚いた口調で聞いた。中国で運転手をしていた彼にとって飲酒運転の禁止は不可思議なようである。

それもそのはず。中国ではかつて飲酒運転をしても道路交通法にまったく触れなかったのだ。いまは交通量が増え、スピードも速くなったので、酒気帯び運転でも厳しく罰せられるが、以前は誰も気にしなかった。確かな理由はよくわからないが、なんでも「酔っぱらったら車の運転ができるはずはない」と思われていたらしい。それに交通量が少なく、車のスピードもあまり速くなかった。実際、多くの人たちが飲酒運転をしているにもかかわらず、酒酔いで交通事故を起こした例を聞いたことはない。中国人だけではない。中国文学者の前野直彬《なおあき》氏によると、北京駐在の日本外交官たちもパーティーの後、いつも顔を真っ赤にして堂々と市内をドライブしていたという。

しかし、中国の道路交通法が甘いかというと、そうでもないらしい。たとえば運転しながらタバコを吸うのがご法度で、警官に見つかったら最後、捕まるまでしつこく追いかけまわされるのであった。これにはれっきとした理由がある。タバコを吸いながら運転すると、気が散ってしまい、交通事故を起こしかねない、といわれているからだ。世界のどこでも通用するだろうと思われがちの常識は、国が違えば、思わぬ落とし穴となることもある。グローバル化が急速に進んでいる今日、文化の違いによる常識のズレも、もはや笑って済ませることではなくなった。

われわれが外国の習慣と思い込んだもののなかにも誤解は少なくない。紹興酒の飲み方がその一例である。中国のお酒はだいたい蒸留酒と醸造酒の二種類に分けられるが、後者はお米からつくったものが多く、もっとも代表的なのは「紹興酒」、あるいは「老酒《ラオチユウ》」か「黄酒《ホウンチユウ》」の名で知られる種類である。アルコール分や口当たりが清酒と似ているので、日本でも親しまれている。

中華料理屋で紹興酒を頼むと、決まって砂糖が添えられてくる。中国の飲酒習慣をまねするつもりで、砂糖を紹興酒に入れて飲む人が多い。ところが、それはたいへんな勘違いである。

紹興酒はその名の通り魯迅のふるさとである紹興の特産である。昔、金持ちの家ではみな自家製の紹興酒をつくっていた。誰もが自分こそがもっとも美味しい酒がつくれると自慢したいので、酒が出来ると必ず友人や近所の人たちにおすそ分けをし、賞味してもらう。表向きでは親交を深めるためだが、じつは互いに出来映えを競っていた。

ひと昔まえには甘いものがみな高級食品とされ、砂糖は貴重なものであった。どんなまずいものでも砂糖さえ入れれば、味は多少よくなると信じられていた。そこで、自家製の紹興酒に自信を持つ人たちは酒かめを親友に送るとき、かならず砂糖を添えた。

「もしまずいようでしたら、どうぞ砂糖でも入れてお飲み下さい」

という意味である。たいへん遜《へりくだ》っているようにみえるが、内心ではむろん自信満々である。

紹興酒が日本に入ったとき、なぜかこの習慣も持ち込まれた。ほんらい遠慮すべきところだったが、日本ではその砂糖をほんとうに紹興酒に入れてしまうのだ。こうなれば、酒造元はもちろん、料理屋の主人も顔は丸つぶれである。

幸か不幸か紹興酒に砂糖を添える由来は中国人のなかでも知る人が少なくなっている。料理人でさえそのような古いしきたりには疎いであろう。いまは中華料理のエチケットとして日本ですっかり定着した。小説家の辻原登氏によると、日本でそれに気づいたのは西園寺《さいおんじ》公一《きんかず》だという。

今夜も紹興酒は砂糖の強引な愛に堪えなければならない。

酒の飲み方

酒を飲むときほど文化の違いを感じさせることはない。日本人と中国人の酒の飲み方をみると、つくづくそう思う。中国人は自宅で晩酌するときなどは、ちょっぴりちょっぴりなめるように飲むが、パーティーなどで乾杯するときになると、よく一気飲みする。しかも飲み干さないといけない。日本では最近こそ若者のあいだで一気飲みがはやっているが、普通は一口一口と飲むのである。

日本人は酒を飲むときに人に注いでもらうのが好きなようである。だから、飲むときには誰かと一緒に飲まないと、あまり美味しく感じないそうだ。中国人は人に注いでもらえてももらえなくても、そんなことはいっこうに構わない。客でも自分で注ぐのが普通である。要はいい酒と酒の肴があるかどうかである。日本では飲むときの「雰囲気」を大事にするのに対し、中国では「味覚」をより大切にしている。

日本では「飲む」ことは「社交」と同義語である。よほどのアル中でなければ、一人で飲むことを嫌う。屋台や飲み屋の隅で一人で黙って飲むと、はた目では非常に寂しく見える。何かの悩み事があるだろう、と思われてしまう。中国では友人と一緒に飲むときももちろんあるが、酒の味のよくわかる人は一人で飲むのもごく普通のことである。

日本では会社が終わると、同じ部署の同僚たちと飲みに行くのが日常的な風景である。中国ではそんなことは滅多にない。そのかわり、社内社外に関係なく、親しい友人と飲みに行くことがよくある。日本では酒席で課長や欠席者の悪口を言うことが多い。そうすることで「仲間」の絆がつよくなるが、中国では金儲けの話や、それにまつわる噂が主な話題である。

忘年会や新年会という習俗は以前、中国にはなかった。辞書にもその言葉は載っていない。近年、日系企業は日本の風習を持ち込んだ。その影響で一部の中国企業でも忘年会をやるようになった。ただ、全体から見ると、まだまだ少数である。

日本では酒を飲むときに「ほんとう」の約束をしない。飲むときの相手の言ったことを真に受けると、友人に嫌われる。ところが、中国では酒席で言ったことも責任を負わなければならない。よほど酔った場合は別として、通常、酒を飲みながら約束したことでもきちんと守られている。「酒の上の話だから」というのでは通らない。中国で商売をするとき、宴会は付き物である。商談などで話し合いがこじれて、どうしようもないとき、相手を食事に誘うと、酒席ですんなりと話がまとまることがある。同じ社会の潤滑油でも、日本と中国では酒の機能の仕方が違う。

中国人が日本人といっしょに酒を飲むときに、よく誤解が生じる。日本では酒の後にはとんでもない「約束」をすることがある。「おまえが好きだ。おれは女房と離婚しておまえと結婚する」などの言葉は、日本人のホステスなら冗談として聞き流すが、中国人の女性はよほどの日本通でなければ、真に受けてしまう。中国では「口説く」と「プロポーズ」の区別はない。というより、そもそも「口説く」という言葉はない。日本では酒の後に言ったことは約束でも何でもない。それを真に受けたほうが野暮である。しかし、その文化ギャップは思わぬ結果を招くことがある。何年かまえに中国人女性による傷害事件が起きたことがある。結婚を約束してくれた男がいつまで経っても妻と離婚しないことに立腹して、ついに刃物で男を刺してしまった。日本人同士なら、そんなことにはならないであろう。

外国人にとって、日本でもっとも困惑するのはおそらく酒を飲んだ前と、酒を飲んだ後の「人格」の落差であろう。最近はさすがに少なくなったが、ひと昔まえ、ふだん非常にまじめな人でも酒を飲むと、下着になって踊ったり、騒いだりすることがある。中国ではいくら酒に酔ったからと言って、そんなことをすると、変質者に見られてしまう。桜が満開のとき、上野公園で花見の客が野球拳でまっ裸になったのを見たことがある。そのときは本当に驚いた。中国でならその人は翌日、会社にも行けないだろう。

日本の飲酒文化はいたって寛容だ。日本では人の前で酔っぱらっても、さほど恥ずかしいことではない。中国では人前で酔っぱらったら、信用されないどころか、人格が疑われてしまう。ある大企業の経営者は「自分の酒量をコントロールできない人は、自制心はない」と言い切っている。日本人にとって、たいへん窮屈な発想なのかもしれないが、中国ではとにかく人の前で酔っぱらうのは恥ずべきことだと思われている。実際、夜の町には酔っぱらいがほとんど見られない。

この習慣がいつから始まったかはよくわからない。唐代には人前で酔っぱらうことは必ずしも悪いことではなかったようだ。李白が酔っぱらって、奇矯なことをしたりすることが伝説として語られているし、『水滸伝』の武松も酒に酔ってから、人食い虎を退治した。古代のほうが酔っぱらいに寛容だったのかもしれない。

中国人と酒席をともにするとき、「乾杯」の習慣に気をつけなければならない。中国人同士でも油断はできない。とりわけ、黄河以北では要注意である。「白酒」というアルコールの強い蒸留酒で乾杯するから、あまり飲めない人はすぐ酔っぱらってしまう。個人差もあるが、中国では南方の人が概して酒に弱く、北方の人は酒に強い。東北部つまり旧満州の男たちは、アルコールが五、六十パーセントのリキッドをものともせず、どんぶりでがぶ飲みしている。彼らと乾杯を重ねていくと、命を落としかねない。

対応する方法はもちろんある。ふだんビール程度しか飲まない人は最初から飲めないと言えばいい。そうしないと、どんどん「乾杯」を強要され、二進《にっち》も三進《さっち》も行かなくなるだろう。

日本酒につばさを

先週、知人の招待で虎ノ門のとあるレストランで食事をした。ホテルの十二階にあるこの店は一風変わっている。普通レストランといえば、日本料理とかフランス料理のように国や地域の料理を専門にしている。ところが、このレストランのメニューにはフランス料理も中華料理も載っている。わけを聞いたら、ワインをメインにしているからだという。いろいろな種類のワインが豊富に備わっており、それに合わせて料理を注文するのがこの店の作法だ。通常のレストランとまったく逆の発想である。店員が勧めたワインを一口飲むと、さすがに違う。渋みが効いていて、コクがある。料理もフランスか中華の別に関係なく、いずれもワインの風味にマッチしたものだ。

ワインの風味に関しては、わたしはずぶの素人。ずば抜けて高級なものか、極端にグレードの低いものは何となくわかるが、中ぐらいのものになると、まったく区別が付かない。

そうしたこともあって、ワインよりも日本酒のほうが好きだ。日本酒はワインのようにわかりにくくないから、自分の好みに合う銘柄が選べる。中ぐらいのものなら、当たりはずれはまずない。何よりもまろやかで、純粋な味が素晴らしい。他の酒類では味わえないものだ。それに、価格がリーズナブルである。フランスの高級ワインの場合、数十万円のものも珍しくない。だが、どんなに有名な日本酒でも、常識はずれの値段にはならない。

美味しさでは決して引けを取らないのに、国際知名度を比べると、間違いなくフランスのワインに軍配が上がるであろう。ワインが世界的に好まれているのに比べて、日本酒のファンはまだごく一部に限られている。美味しさの差というより、イメージ作戦の違いであろう。

ワインの強みは風味がよいからではなく、物語があるからだ。産地には産地の、銘柄には銘柄の、年代には年代の伝説がある。どの地方の、どの木に生《な》った葡萄で醸造したというだけで驚くほどの価格がつけられる。有名な絵描きがデザインしたラベルを貼るだけでもプレミアムが上乗せされる。

醸造年を売り物にするのも巧みな戦略である。先日、家族の誕生日祝いに本人が生まれた年に作ったフランスワインを購入した。ネットショップで買ったものだが、保存状況がよくないためか、酸味がやや強くなり、あまり美味しくない。しかし、誕生日祝いの席上では、そんなことはほとんど問題にならない。生まれた年のワインということに話題が集中したからだ。人間はアルコールよりも、物語に酔いやすい。

ワインが物語なら、清酒はまるで「説明文」のようだ。名酒の紹介でよく目にするのは杜氏《とじ》の技。物語がないから、宣伝しても米と精米歩合と水の三題噺で終わってしまう。これだけでは物語の多いワインには到底、太刀打ちできない。

ポスト工業社会では物の消費よりも、情念の消費が購買行動に影響を与える。物質的に豊かになった現代では、不足する物はほとんどない。欠乏しているのは夢と物語である。物質の満足に比べて、精神的な満足は遥かに幸せを感じさせる。物を買うことはまず物語を買うことであり、夢を買うことである。そうである以上、物を売る前にまず夢を売らなければならない。

日本酒はもう十分美味しい。世界に羽ばたくためには、もう少し夢をブレンドしてほしい。

五　食から見た中国の歴史

◎和林格爾（ホリンゴル）墓壁画に描かれた厨房

食の恨み

中国の歴史上、食べ物のために国家の運命が大きく変わった例は少なくない。『左伝』「宣公四年」にも料理が引き起こした権力争いが記されている。

鄭《てい》の霊公の頃、ある日楚の人から大きなスッポンが献上された。その直後、たまたま大臣である公子宋と公子家が御殿に参上して霊公に謁見しようとした。二人は事前になにも知らなかったが、宮殿入ったとき、なぜか公子宋の人さし指がぴくぴくと勝手に動き出した。公子宋は自分の手を子家に見せながら、このようなことがあると、必ず珍しいごちそうにありついたものだ、と話した。

現在もときどき耳にする「食指が動く」という慣用句の由来である。

ところが、そのあと思いも寄らない大事件が起きた。

公子宋と公子家が宮廷の奥に入ると、ちょうど料理人がスッポンを調理しようとするところであった。それを見て、二人は視線が合い、思わずにっこりと笑った。二人の挙動を不審に思った霊公がわけを聞くと、公子家はこれこれしかじかと一部始終を上奏した。

やがてスッポン料理ができあがり、予想した通り、霊公は大臣たちを招待した。むろんなかには公子宋も含まれている。しかし、公子宋を待っているのは美味しい料理ではなかった。

じつは楚の人からスッポンが献上されたことは、霊公も事前には知らなかった。公子宋が見事に予想したことを知って、霊公は面白くなかった。彼は予言力のある公子宋を脅威と見なしたのであろう。

宴席がはじまると、霊公はほかの臣下たちといっしょに席についているのに、公子宋には着席させず、食卓のそばで立たせた。一同が美味しそうにスッポン料理を食べているのを見て、公子宋はとうとう我慢できなくなり、つかつかと鼎の近くまで近づいた。彼は指を鼎のなかにつっこみ、スッポン料理の汁を嘗《な》めてから、さっさと御殿を出てしまった。同席したほかの大臣はみな度肝を抜かれたが、赤恥を掻いた霊公はもはや心頭の怒りを抑えることができない。彼はみんなの前で反抗の素振りを見せる従臣のことを許すことができない。なんとかして口実をこしらえて公子宋を消そうと心に決めた。

しかし、早くから野心を抱いていた公子宋の方が一歩早かった。彼は公子家と手を組み、霊公が手を下すまえに宮殿に押し入り、鄭の霊公を殺した。

こうして、一杯のスッポンスープのために一国の君主が命を落とすはめとなった。

これよりわずか二年まえにも、食にまつわる事件があった。奇しくもきっかけを作ったのはやはり鄭の国である。当時、鄭の隣に宋という国があった。どちらも小国で、大国の晋と楚にはさまれている。本来、両国が協力し合い、晋とも楚とも一定の距離を取ったほうが防衛上に有利なのに、なぜか、どちらも大国の「保護」を当てにし、相手を蹴落とそうとした。その結果、宋は晋と手を結び、鄭は楚と同盟を結成した。楚の庄王は宋が晋の側にくっついたことに腹を立て、同盟国の鄭に宋を攻撃させた。

決戦をまえにして、宋の最高司令官である華元は、士気を奮い立たせるために、部下たちに「羊の羹《あつもの》」を振る舞った。「羹」とは米入りのスープである。米を煮るとデンプンがスープに溶け込むから、いまのポタージュやクラムチャウダーと似た風味になる。ところが、御者の羊斟《ようしん》のところにはなぜか美味しい「羊の羹」がまわってこなかった。

いよいよ出陣のとき、羊斟は最高司令官の華元に「羊の肉を配ることはあなたが仕切ったが、いまこの戦場ではわたしが仕切る」と言って、華元が乗った戦車を鄭の陣地のど真ん中に突っ込ませた。華元は捕虜となり、宋は大敗を喫した。『左伝』「宣公二年」によると、この戦いで宋が失った戦車は四百六十台にも達したという。

華元はおそらくうっかりして羊斟に「羊の羹」をあげるのを忘れたのであろう。だが、美味を逃した本人の気持ちはなかなか収まらない。たかが一杯のスープだが、人間の感情は意外と複雑なものだ。

何しろ「民は食を以って天と為《な》す」国柄だから、目上の人といえども、食物の配分には細心の注意を払わなければならない。それができるかどうかは、天下を治める才能があるかどうかをはかる物差しとも見なされた。

『漢書』には陳平という、劉邦の側近の人物が出てくる。彼は幼いときに家が貧しかったが、読書がたいへん好きであった。ある日、郷里で土地の神を祀る儀式があって、陳平が肉を配分する役を務めた。彼は肉を均等に切り、すべての人に同じ分量になるよう心がけた。それを見た長老は「この子に肉を切らせてよかった」と感嘆すると、陳平は「もし宰相として采配をふるう機会があったら、肉と同じように公平にして見せます」と言った。中国語では肉を切るのも「宰」、宰相になって采配することも「宰」というから、長老が言ったことはいわゆるかけことばで、二つの意味に取ることができる。のちに陳平はほんとうに宰相になった。

食の配分に気をつけろという教訓は小説にもときどき出てくる。『西遊記』に「孫悟空が天界を大暴れする」という物語がある。孫悟空が唐三僧の弟子になるまえに、いたるところでいたずらをしていた。それに手を焼いた玉皇大帝は懐柔策を取り、孫悟空に斉天大聖《せいてんたいせい》の称号を与えた。実際の仕事は仙桃を栽培する農場を管理することだ。ある日、天女たちが仙桃を取りに来たのを見て、わけをきいた。すると、天女たちは王母が神仙たちを招き、盛大な宴会を開くことを話した。自分は「斉天大聖」だから、招待リストにきっと名前が載っているだろうと思ったら、じつは呼ばれていない。それに憤激した孫悟空は天界を大暴れした。

いまでも宴会のとき、主催者側はつねに細かい配慮をしている。下手をすると、大問題になりかねないからだ。中国では建国記念日になると、「国慶招待会」という盛大な祝賀パーティーが開かれる。たいへん重要な儀式で、毎年、政府要人が全員参加した。

驚くべきは、人民大会堂にある宴会場は何と二千人も収容できる。二百もの丸いテーブルが一つのホールに並べられているから、どれほどスケールが大きいかが想像できるであろう。しかも、そのようなパーティーが一回だけではなく、日をずらして数回行われることもあるという。

人民大会堂は一九五八年に建てられた。誰のアイデアでそのような巨大な宴会場を作ったかはわからないが、中国の歴史をよく知っている人であることは間違いない。このような大きい宴会場だから、人数制限で誰かを呼べないということはなくなった。建設以来、食の恨みで反乱が起きたり、事件が発生したりした話は聞いたことはない。

日本風中華ラーメン

一九九四年八月、共同研究の一環として上海に調査に行った。九年ぶりの帰郷だったが、町には昔の面影がもうほとんど残っていない。高層ビルが林立し、高速道路も整備された。内環状線は年内に完成され、外環状線もやがて着工する。この二大都市高速をベースに、将来、市の中心部から輻射状に四方八方に延伸する道路を建設し、内外環状線とつながって膨大な交通網を造る計画である。一方、地下では総延長三百三十キロの地下鉄を敷き、現在日増しに悪化している交通渋滞を一気に解消しようとするねらいだ。浦東地区ではこれから五十棟の高層ビルを立てる予定で、東洋のマンハッタンをめざして、工事が急ピッチで進められている。

一方、過渡期によく見られるひずみもいたるところで見られる。なかでも外食の費用の高さには驚かされてしまった。現地の知り合いから聞いた話だが、四、五人で飲みに行くと、平均月収の二倍はかかる。ホテルのレストランとなると、値段は日本とほとんど変わらない。ホテルは外国人観光客を相手にしているから、話がわからないでもないが、不思議なことにわたしが見たかぎりでは、利用客のなかに中国人の方が外国人よりずっと多かった。

二番目に多いのは香港と台湾の商人で、日本人はときおりまじっている程度である。西洋人となると、めったに姿を見ない。さらに驚いたのは、町の中心部のレストランもホテルと同じぐらい高い。にもかかわらずどの店もいつも地元のお客さんで満杯になっている。まことに不可思議である。場末の料理店は多少やすくなるが、それでもごく普通の食事でも、平均月給の一カ月分を下らないという。

ひと昔前に比べると、物は豊富になり、メニューの品目もだいぶ増えた。ふかひれ、ツバメの巣などはかつてただ噂を聞いただけで、庶民が利用するレストランではまったく見られなかった。いまでは金さえあれば町のいたるところで食べられる。一九八〇年代の半ば頃まで、美食はステータスのシンボルで、庶民は金があっても高級ホテルのレストランには入れなかった。市場経済が導入されてから、金銭の力がしだいに強くなり、権力がなくても金さえあればなんでも手に入れることができるようになった。朝オーストラリアで捕れたロブスターが夜の食卓に出されているぐらいだから、昔、想像もできないようなことがいまは現実と化した。むろんその値段も常識ではほとんど考えられないほど高いが。

もともと中国人の食事に注ぐ情熱にはすさまじいものがあった。それに長年の禁欲の反動なのか、食に対する欲求は日に日に増大している。人々は給料をもらってまず第一に考えるのは食べることだ。いまも市民たちの食にかける金は多い。生活水準が高くなっても、エンゲル係数はいっこうに下がらない。欧米の経済学者の理論は中国には当てはまらないようだ。

同じ東洋民族でも、日本人の食の方が遥かにつつましい。金持ちでさえ一回の食事に月収の二、三倍をつぎ込むほどの美食三昧はやっていないようだ。年商数十億円の会社社長は昼食には六百円の弁当を食べている、と先日雑誌で読んだが、それも日本ではあまり珍しいことではない。サラリーマンたちの昼食となると、もう猫も食わない定食ばかりだ。七百円のざるそばにすべきか八百円の焼き魚定食にすべきかぐらいで、おとうさんたちがハムレットのように迷ってしまうあたりはいかにも日本らしい。

上海ではわずか九日間の滞在だが、途中からなぜか無性に日本料理が食べたくなった。とはいっても刺身でも懐石料理でもなく、ただのラーメンである。国際旅行のときに、日本人が懐かしがる日本食のベストスリーはラーメン、カレーライスとギョウザだといわれているが、まわりの日本人を見ると、どうやらこれはほんとうのようだ。現地で本場のラーメンをいろいろと食べてみたが、日本より美味しいのは一軒もなかった。日本の中華ラーメンは中国のラーメンを確実に追い越した。

上海では日本風ラーメンは日本料理屋でしか食べられない。しかも、「ラーメンセット」の名は会席料理と横並びにメニューにのっている。ラーメンのつゆを一口飲んで、もはや涙が出そうになった。あの懐かしい、かつおぶしだしの味のため、ではない。日本円にして一杯千二百円もする値段のゆえである。

啓示的な発見

二〇〇五年十月、主要各紙は四千年前のラーメンが発見されたニュースを報道した。あまり目立たない記事だが、文化史に関心のある者にとって、驚くべき大発見であろう。

ラーメンがいつ発明されたかについては諸説がある。だが、現有の史料で確認できるものは、宋代の記録だけだ。漢代説もあるが、厳密にいえば、現在と似た形の麺はまだなかった。百歩譲って、仮に漢代にあったとしても、今回の発見によって二千年もさかのぼることになる。

だが、これで麺の歴史が変わったとは限らない。今回発見された麺は直径三ミリ、長さは五十センチを超えている。外形は麺の条件を立派にクリアしている。だが、材料はキビとアワである。この発見によって、粉食の歴史は書き換えられることになるが、小麦粉を材料とする麺の歴史には変わりはない。

興味を引かれたのは、むしろ小麦粉の麺との関連性である。甲骨文字は三千五百年前に作られたとされている。四千年前に文字があったかどうかは定かではない。しかし、仮に文字がなくても、ものがあれば名称があったに違いない。だが、古い文献にはそれらしい記録はない。キビとアワについては粉食の記録すら見あたらない。

もう一つ重要な問題がある。直径三ミリの麵が作られるのは、粉食の技術がかなり発達した証拠である。ところが、中国の挽き臼は小麦粉とともに、シルクロードを経て伝わったものだとされている。漢代の挽き臼は非常に完成したもので、簡易な形から複雑なものに発展した痕跡がまだ見つかっていない。ところが、もし四千年前に挽き臼がなかったら、なぜ麵が作れたのか。むろん、搗《つ》き臼を使うこともありうる。しかし、効率のことを考えると、その可能性は低い。

もう一つの謎はつなぎである。小麦粉にはかん水か塩がつなぎとして用いられている。米にはまだつなぎが発見されていないから、ビーフンにすると切れやすい。ところが、キビやアワは米よりも粘性が低い。きっと何かのつなぎが使われているであろう。

消去法で残った可能性は一つしかない。四千年前、黄河上流地域にキビやアワを材料とした粉食の文化があった。しかし、何かの理由で、挽き臼やつなぎもろとも消えてしまった。二千年後、西域から小麦粉と挽き臼が伝わり、新たな粉食技術がもたらされた。

文明史の視点から考えると、十分ありうることだ。世の中には「不滅」ということはない。人類文明はいつか必ず湮滅《いんめつ》するであろう。今日、科学技術は著しく進歩したが、進んだ文明はより強固になったのではなく、むしろ脆弱《ぜいじゃく》になった。

文字の記録媒体を見ると、もっとも古いのは岩壁に描かれた絵文字で、次に土器に彫られた記号だ。甲骨文字になると、すでにセンテンスの記述能力がある。青銅器の鼎銘《ていめい》は立派な文章で、竹簡と木簡には『論語』のような思想の結晶が記録されている。

今日、情報は電子技術で記録されるようになった。検索が速くなり、保存される情報量も格段に多くなった。が、湮滅のリスクは逆に増大した。近い将来、国会図書館の全情報が一枚のメディアに記録できる時代が到来するかもしれない。一方、すべての情報が一瞬のうちに消される危険も出てきた。四千年前の麺の化石は発掘されないかぎり、いつまでも残る。だが、一枚のプラスチックに圧縮された情報は、後世に伝わるかどうかは覚束《おぼつか》ない。

人類は果たして第二の恐竜になるか。天まで届く塔を作ろうとする人間が神に罰せられた、という寓話が思い出された。

胃袋の適正サイズ

『水滸伝』は高俅《こうきゅう》の物語からはじまる。ごろつきの彼は蹴鞠《けまり》が得意なため、宋の徽宗《きそう》に抜擢され、いきなり近衛軍の司令官となった。赴任早々、高俅はさっそく近衛軍の武芸教官である王進に対する復讐を開始した。王の父親が近衛軍の将校をしていた頃、高俅を懲らしめたことがあったからだ。報復を恐れた王進は、都の生活に見切りを付け、辺境の地である延安府に逃亡した。途中、史家の荘園に宿を借りて一泊することになる。その夜の食卓には「料理が四品、一皿の牛肉」が出された。

やがて王進の優れた武芸が史家の大旦那に見込まれ、長男の史進に棒術を教えるようになった。王進をねぎらうために、大旦那は下男に羊を一頭つぶさせ、酒の肴と果物などを用意して一席を設けた。だが、豚肉の料理は出てこない。史家の荘園を見ても、「牛羊が地に満ち、打麦場《むぎうちば》には鵝鳥（ガチョウ——引用者注）と鴨と群を成」している（吉川幸次郎訳『水滸伝』、岩波文庫）が、豚は飼育されていない。

興味深いことに、『水滸伝』の食卓には豚肉はほとんど登場しない。前出の史進が後に偶然の機会に、近くにある少華山の山賊と親しくなった。朱武、陳達、楊春など、山賊の頭領を招待するときには、「羊と百数十羽のニワトリやガチョウ」で料理をつくったが、豚肉が食材に使われた形跡はない。豚肉が出て来たのは、都の開封府・汴梁《べんりょう》。魯智深《ろちしん》が町の不良たちにご馳走になったお返しに、「豚一頭、羊一匹をつぶして」もてなしたときである。

史家が王進を招待したときのメニューは平均的なもののようだ。魯智深が五台山の寺院から追放され、途中桃花村で宿を借りたときも、夕食には「牛肉一皿、三、四品の料理」と酒が出されている。「料理」とは何かは記されていない。金翠蓮《きんすいれん》親子が、命の恩人である魯智深を招いたとき、「鮮魚、若鶏、粕漬けのアヒル、ふなずし、季節の果物」などを買ってきた。庶民が客をもてなすとき、通常そうした食材が使われていたのであろう。

牛肉がわざわざ言及されたところを見ると、当時では上等な食物と目されていたようだ。酒の肴としてかなり人気があったらしい。『水滸伝』第十回に、林冲《りんちゅう》が危うく殺されそうになった雪の夜、小さい飲み屋で一杯を飲んで、体を温めた、とある。そのときの肴もやはり「牛肉一皿」である。また梁山泊に向かう途中も、林冲は酒屋で牛肉を肴に酒を飲んだ。林冲だけではない。緑林の義賊たちはみな牛肉が好きなようだ。魯智深も武松も飲み屋に入ると、決まって牛肉を注文する。

ところで、その牛肉がどんな料理かは、詳しくは書かれていない。だが、前後の文をよく読むと、その調理法はおおよそ見当がつく。なぜなら、同じ料理は現代にもまだ残っているからだ。子どもの頃、「白切《パイチエー》牛肉《ニユーロー》」という庶民料理があった。料理とはいっても、調理技術はほとんどいらない。牛肉の塊にショウガとネギを加えて茹でる。沸騰したら、灰汁《あく》を取り、紹興酒を入れる。後はひたすら茹で続けるだけである。柔らかくなったら皿にのせ、食べる直前に薄切りにする。塩を入れて茹でることもあるし、調味料を一切入れないこともある。後者の場合、食卓で醤油とごま油で作ったたれをつけて食べる。庶民料理とはいっても、ふだん口にすることはほとんどない。レストランでは前菜の盛り合わせに使われる程度で、単独の一品として注文できる店はきわめて珍しい。

『水滸伝』にたびたび登場する牛肉とは、この「白切牛肉」のことであろう。実際、林冲が飲み屋で注文したとき、「牛肉を二斤切ってくれ」と言い、武松も景陽岡の酒屋で、牛肉を「二三斤切って肴にしよう」と注文した。食べる直前に切って出す、という食べ方も現代の「白切牛肉」とまったく同じである。

ところで、『水滸伝』は一一二〇年に反乱を起こした宋江らのことを題材としているが、そのもっとも早い版本は明・嘉靖年間（一五二二〜一五六六）に刊行された。書かれている内容は宋代のことであっても、描写の細部は果たして宋のことなのか、それとも明のことなのだろうか。

『金瓶梅』と比べると、両作品に出てくる料理はかなり違う。『金瓶梅』は『水滸伝』の一部を敷衍《ふえん》して書かれたもので、『水滸伝』より約半世紀後の万暦年間に刊行された。『金瓶梅』に描かれた食生活は明代の資料とほぼ符合する。両作品の違いを考えれば、『水滸伝』の描写は、歴史的違いをかなり意識して行われているようだ。『水滸伝』には講談のネタ本が多く取り入れられている。宋代の風俗をある程度忠実に再現した理由は、ここにもあるのかもしれない。

宋代の文献と対照すると、『水滸伝』にあらわれた食生活はほぼ正確である。農耕社会である中国では、牛は古代から重要な生産道具である。牛肉の食用はまったくなかったわけではないが、ほとんどの牛は農作業に使われていた。歴代の王朝は牛の食用を厳しく制限し、食用の禁止令も多く出されていた。宋代も例外ではない。

ところが、庶民のあいだではそうした禁止令は必ずしも厳格に守られていない。『宋会要輯稿』によると、大中祥符九年（一〇一六）、洛陽と開封を結ぶ道路の両側に「牛肉を売るところは甚だ多い」という。役所は牛肉食用の禁止令を出しながら、一方では牛肉の販売に税金を課している。ただ、都では管理がさすがにきびしいようだ。『東京夢華録《とうけいむかろく》』（孟元老著、入矢義高、梅原郁訳注、岩波書店、一九八三年三月）には牛肉料理はほとんど見当たらない。

『水滸伝』の英雄たちはなぜこんなにたくさん食べるのか、と日本人の学生に聞かれたことがある。言われてみれば、なるほどそうだ。なにしろ、牛肉の薄切りは一気に二、三斤も平らげてしまうのだ。『漢語大辞典』（漢語大辞典出版社）によると、北宋の一斤は現在の六百三十三グラムにあたるという。二、三斤は一・二七から一・九キロほどになる。武松は人を喰う虎を退治する前に、一度に四斤、つまり二・五キロの牛肉を食べ、十五椀の酒を飲んでしまった。椀の大きさは明らかではないが、通常は三百〜四百ccはある。仮に三百ccとして計算すると、肉と合わせて全部で約七キロ強食べたことになる。以前テレビで大食い対決を見たことがある。優勝経験者でも、二、三キロの食物を食べたところで、失神してしまうことがある。武松がいかに大食いであるかは、そのことからも一斑をうかがうことができる。

しかも、武松だけではない。巨漢の魯智深の方はもっと恐ろしい。桃花村で一皿の牛肉と三、四品の料理を平らげた上、煮たガチョウを丸ごと一羽食べてしまった。酒は二、三十椀飲んだにもかかわらず、さらに大皿の肉と、大きい徳利に盛った酒を持ってこさせた。新婚の部屋で花嫁になりすまし、飲み食いをしつつ、新郎の到来を待っていた。

現在、一枚のステーキは約百グラムと言われている。武松の場合一度に二十五枚のステーキを食べてしまった、という計算になる。果たしてこれほどの食欲があるのか。それとも「白髪三千丈」式のレトリックなのか。

じつは、そうした真偽の詮索はあまり意味がないと思う。より重要なのはなぜそう描かれたかだ。ほんらい大食いかどうかは、副次的な描写に過ぎない。あってもなくてもよいことをわざわざ強調するには、それなりの理由があるはずだ。
廉頗《れんぱ》という人物を想起すれば、もっとわかりやすいかもしれない。『史記』によると、廉頗は戦国の名将で、年取ってから再び起用してもらおうと、趙の使者のまえで一斗の飯と、十斤の肉を一度に食べて見せた。趙の度量衡によると、一斗は一・九八四リットル、一斤は二百五十グラムに当たる。十斤の肉とは二・五キロだから、こちらの場合もやはり二十五枚のステーキに相当する。

『水滸伝』の大食い礼讃もそんなコンテクストにもとづいているであろう。中国文化では食欲が旺盛で、けた外れにたくさん食べることは、男らしさ、気前よさ、たくましさの象徴と見られているからだ。

司馬遼太郎は『草原の記』（新潮文庫ほか）のなかで、面白いことを書いている。中国の宴会に出たとき、たまたま大食いの男と同じテーブルであった。その男は傍目で見ても恥ずかしくなるほど、たくさん食べていたという。日本人なら、司馬遼太郎が言いたいことが何となくわかるかもしれない。しかし、もし中国人が同じ文章を読んだら、司馬遼太郎がなぜそう恥ずかしくなる必要があるか、きっと理解できないであろう。

今から二十年以上もまえのことだが、知人の家にちょっとした「事件」が起きた。ずっといい男に巡り会えなかった長女は三十歳を過ぎたある日、意中の彼氏ができた。中国では婚約のまえに、男が女の家に挨拶に行き、豪華な食事に招待されるのがならわしである。その男は長身で、ハンサムな上、性格もよい。女性の両親は一目見て、すっかり気に入ってしまった。ところが、男が帰ってから、両親は一転して二人の結婚に猛反対した。なぜなら、男は食事中、料理にもろくに箸をつけなかったし、ご飯も茶碗の半分しか食べられなかったからだ。明らかに遠慮しているからではない、食欲がない、こんな少食の男は何かの大病があるはずだ、というのがその理由である。結局、二人の関係もそのまま終わってしまった。もし、少食の司馬遼太郎先生が中国で生まれたら、嫁も見つからなかったのかもしれない。

わたしは日本に来て、はじめてラーメン屋で食事をしたとき、すっかり感激した。あんなに大きいどんぶりに盛るラーメンは見たこともなかったからだ。ところが、二口食べたら、中身がもうなくなってしまった。今度は麺のあまりの少なさにまたショックを受けた。中国ではラーメンを盛る器は日本のより一回りも小さいが、中身は日本の三倍ほども入っている。

あれから十六年過ぎた。そんなわたしも恥ずかしいことに、いまやすっかり日本サイズの胃袋になってしまった。中国に帰省するたびに、姉たちはわたしが他人と一緒に食事をしないように気を使っているらしい。弟の少食で恥を掻きたくないのかもしれない。

ところが、習俗とは不思議なもので、時代が変化するにつれ、大きく変わってしまう。中国経済の発展にしたがって、ここ数年、中国人の胃袋のサイズはどうやら小さくなってきた。

五、六年前、資料調査のついでに旧満州の各地方都市を見て回った。ホテルで朝食をしていると、大食いの男がめっきり減ったことに気づいた。バイキング方式なので、本来いくら食べてもいい。しかし、まわりを見ると、誰もが普通の量しか食べていない。もちろんホテルに宿泊できるのは富裕層なのかもしれない。それでも、この変化は大きい。

隣の席には五十代後半の、上司らしい人が、部下たちといっしょに食事を取っていた。そのときの会話は興味深い。

「おれは年だし、医者にも言われているから、もうあまり食べられない。おまえらはまだ若いから、どんどん食べて」

「もうお腹一杯です」

「これだけでもうお腹一杯なのか。いまの若者は元気がないね」

沈陽のデパートに見学に行ったとき、その理由の一端がわかった。

食品売場の一角には、なんと糖尿病患者向けの食品専門コーナーが設けられている。広さは五、六十平米を優に超えている。食品の種類の多さにも圧倒された。

中国の東北部は重工業が多く、経済開放に取り残された地域だ。レイオフなど仕事を失い、生活に苦しんでいる人も多いと聞いた。そんな地域もついにここまで来たのか、と感慨深かった。

大学生の頃、ある日本人の先生が中国の街には肥った人が見あたらない、ということにしきりに感心していた。しかし、わずか二、三十年で様子が一変した。いま、中国の大都市の街を歩くと、肥満の人が多くなったことに気づく。しかも、年々、増加する傾向だ。とりわけ一人っ子に肥満児が多いことが、新聞や雑誌でも話題になっている。

お茶はダイエット効果がある、とよく言われている。中華料理は油っこいが、ウーロン茶が油をおとすから、いくら食べても肥らない、という神話はいまも多くの人が信じている。

しかし、いくらウーロン茶を飲んでも、食べ過ぎるとやはり贅肉がつく。昔も同じだ。『水滸伝』の魯智深はいまの基準だと明らかに肥満であろう。

実際、健康に気をつける人たちはウーロン茶に頼るのではなく、食事の量を減らすことで体重を維持している。数年前に、勤務先の姉妹校を訪ねた。中国の大学も最近、気前がよくなり、短い滞在中に二度も三度もパーティーに招待された。驚いたことに、同席した中国人の教授は一様に少食で、出された料理にはほんの少ししか箸をつけなかった。ある女性の学部長はニワトリのスープを飲んだだけで、ほかは一切口にしなかった。女性だけでなく、男たちも同じだ。体型を見ると、さすがにみなすらりとしている。もし司馬遼太郎がこの場面を見たら、果たしてどう思うのだろうか。

宮廷人たちの食卓

中国では宮廷料理が食文化の頂点であった。高価な食材はまず皇帝に献上され、最高の調理技術を持つ料理人は宮廷に集められていた。調理師の社会的地位が高く、なかには官位が授けられた人もいた。各時代の宮廷料理はこうした優れた才能に恵まれた料理人の手によって作られ、そのなかには中国食文化のエッセンスが凝集されている。

明清は中国文化の変遷を考える上で、興味深い時代である。その間、漢民族政権と少数民族政権は二度にわたって交替した。宮廷料理もこうした変化のなかで異文化交差の波にさらされていた。

一三六八年にモンゴル族の王朝が覆され、かわって漢民族政権の明王朝が樹立された。明の太祖は南京に都を定めたが、約五十三年後に永楽帝が都を北京に移した。初代皇帝は安徽《あんき》省の生まれで、王妃や側室たちもほとんど南方の人たちである。そのため、宮廷料理も南方の風味が主流であった。ところが、遷都してから事情がしだいに変わった。北京はもともと元代の「大都」で、モンゴル族の風習につよく染まっていた。北京に都が移ってから、使用する食材は北方のものが多くなり、料理人も山東など北方の出身者が多数を占めるようになった。地理的、風土的な影響もあって、宮廷料理は徐々にモンゴル料理の要素が取り入れられた。その結果、南方風味とモンゴル料理を融合させた、新しい風味が誕生した。

それに対し、清王朝の成立は明代とちょうど逆である。漢民族政権の明王朝が辺境民族の満州族の進攻に敗れ、一六四四年についに二百七十六年にわたる歴史の幕を閉じた。南下した満州族の人たちはみずからの食文化を保ちながらも、漢民族の料理を積極的に吸収した。いうまでもなく、ここでいう漢民族料理もすでにモンゴル族の食文化を吸収したものである。

中国料理の原形は清代にほぼ完成した。とくに清末になると、使用する食材、調理法から、宴会料理の組み合わせや品目数および食事マナーにいたるまで、現代とほとんど変わらない。

明代の宮廷料理は南方と北方の風味を融合させたところに特徴がある。一口に宮廷料理とはいっても、先祖や神を祭るときに供える儀礼食と、宴会や日々食べる料理に分けられる。儀礼食は多種多様にわたるが、代表的なものから皇室の食生活の一端を見ることができる。

宮廷の行事として、月に一度必ず「薦新《せんしん》」という祭祀が行われる。それぞれの季節に出る旬のものや穀物を神に供える儀礼であるが、供え物として使われているのは調理していない肉類、生の野菜や果物である。そうした供え物から各時代の宮廷料理にどのような食材が使われているか、その一端を推測することができる。

明代の「薦新」儀礼を見ると、二つの特徴があげられる。まず肉や魚に比べて、野菜と果物が種類においても量においても遥かに多い。また、肉よりも魚の方が多いことも注目に値する。孫承澤《そんしょうたく》『思陵典礼記《しりょうてんれいき》』によると、一月から十二月まで、野菜は十四種類ぐらい使われているのに対し、肉類と魚類は十種類に満たないという。魚はすべて淡水魚で、鯉をのぞいて鮒《ふな》、鱖魚《けいぎょ》、鯿魚《へんぎょ》、白魚《はくぎょ》はいずれも長江地域で多く食べられていたものである。豚肉がないのは明代皇帝の名字である「朱」が豚を意味する「猪」と同じ発音だから、わざと忌避されたのだろうが、牛や羊といった従来宮廷祭祀に欠かせない家畜が使われていないのが興味深い。

ただ、皇帝や后が日常のなかで食べる料理は儀礼食と必ずしも一致しない。劉若愚《りゅうじゃくぐ》『酌中《しゃくちゅう》志《し》』には旧暦の正月十五日の宴席料理が記されている。そのなかに出てくる料理の方が日常的に食べていたものに近いであろう。

旧正月の十五日は祭日の「元宵節《げんしょうせつ》」である。劉若愚の記述によると、明代もいまと同じようにスープ入りの団子を食べるのが習わしであった。ただ、中味が現在と異なり、直径三センチほどの団子には砂糖、バラの花とクルミで作った餡《あん》が入っている。

「元宵節」は「灯籠祭り」とも呼ばれ、夜になると、宮廷では宴会が開かれ、皇帝以下は酒を飲み、美味しい料理を食べながら、色とりどりの灯籠を見て楽しむ。出された料理は数十種類にのぼり、全国各地から集められた食材がふんだんに使われている。

宮廷料理だから珍味や高価なものばかりなのかというと、必ずしもそうでもない。『酌中志』に記された料理名として、ガチョウ、ニワトリやアヒルの煮込み料理、ブタ肉の煮込み、ブタ肉のソーセージ、羊胃袋の炒めもの、内臓の煮ものや焼き魚といったものが挙げられている。このリストには珍しい料理も多少あるが、大半は普通の食材で作られ、庶民でも食べられるようなものである。そのほか、民間の軽食や菓子類もある。逆にツバメの巣、熊の手やフカヒレなどの珍味は一品も出てこない。

清王朝には宮廷の飲食を管轄する専門機関――「御茶膳房《ぎょちゃぜんぼう》」がある。むろん、明代にも似た役所はあったが、「御茶膳房」の方が規模が遥かに大きい。この機関は皇室の日々の飲食だけでなく、祭祀用の儀礼食や宴会の開催なども担当し、常時数百人を越える官吏、料理人や工員を抱えている。

清朝歴代の皇帝は飲食習慣や味の好みは同じではない。順治《じゅんち》帝も康熙《こうき》帝も満州族の習慣をつよく守り、食事も比較的質素であった。その後の皇帝は漢族の影響を受け、食生活がしだいにぜいたくになった。乾隆帝になると、毎食四、五十品の料理が食卓に並べられるようになった。時代が下ると、宮中生活における浪費がいっそうエスカレートした。光緒帝のときには一度に百品を越える料理を出したこともある。

満州族は昔から狩猟の風習がある。狩猟の獲物を食卓に並べる習慣は清代初期の宮廷にまだ残っていた。猟で獲れたトラ、クマ、ノロジカ、ヤギ、イノシシ、キジやカモなど多種多様の野生動物が食用にされている。調理法は簡単で、ほとんどの場合水炊きである。

清の中期になると、こうした風習はしだいに薄れ、清末になると、狩猟の獲物を食べる習慣はほぼなくなった。そのかわりブタ、ヒツジ、ウシなどの家畜やニワトリ、アヒルといった家禽類が食材の主流を占めるようになる。もともと満州族は食事において宗教的なタブーはないから、漢族の食文化を受け入れるのにほとんど何の抵抗もなかった。内陸部の民族として満州族はほんらい海産物を食べる習慣はなかった。しかし清の中期以降になると、漢民族のなかで多く食べられていた魚類、エビやカニも宮廷料理に現れるようになった。

現代の高級料理のなかに、ツバメの巣、フカヒレ、アワビなど、清の宮廷料理に起源するものが多い。ツバメの巣は清代以前にすでに食材として発見されたが、高級料理として多く食べられるようになったのはやはり清の中期以降である。乾隆帝をはじめ、清の皇帝たちはツバメの巣をたいへん好んでおり、なかには毎食食べる皇帝もいた。

康熙帝も乾隆帝もフカヒレやアワビはあまり好きではなかった。ところが、時代が下るにつれて、皇帝たちの味覚も大きく変化した。光緒帝は海産物を非常に好んでおり、フカヒレ、アワビ、ナマコやクラゲなどの海産物が大好物である。

「御茶膳房」はその絶対的な権力を用いて、各地から食材や調味料を調達できる。皇帝さえのぞめば、どこよりも美味しい料理を作ることができる。むろん、味が美味しいだけではない。見た目が美しく、香りがよいのもよい料理の条件である。料理の外形や色彩の美しさ、舌触りや歯触りおよび香ばしさに対する飽くなき追求によって、調理水準はたえず向上された。また、皇帝たちを喜ばせるために、それぞれの料理に縁起のよい名前がつけられていた。そうした絶えざる努力によって、宮廷料理はしだいに高度に洗練されたものとなった。

清王朝が滅びてから、宮廷の料理人たちが民間に流出した。彼らは当然宮廷料理の味とともに、料理のデザイン、命名法および食事マナーをも民間に持ち出した。こうしてかつて皇族しか食べられなかった料理は高級料理として、民間の人々も口にするようになった。清の宮廷料理がどの時代よりも市井《しせい》の食生活に大きな影響を与えたのはそのためである。

食糧難時代の中華料理

一九五〇年代以前に生まれた中国人にとって、「三年自然災害」という言葉は忘れられない。それは洪水や日照りといった異常気象の被害というよりも、むしろ「飢饉」というイメージが強い。当時、わたしは上海の下町にある小学校に通っていた。食糧不足の深刻さを子供なりに実感していた。

ただ、記憶は空腹感にのみ占領されたわけではない。美味しい食物の想い出もたくさんあった。腹が空いたときに口にしたものはもっとも美味しいとよく言うが、確かにその通りだ。普通、子供の頃に食べたものは詳細に覚えていないであろう。だが、わたしにとって一九六〇年代初頭に経験した食生活は、細部まで忘れられない。

「三年自然災害」という言葉は一九五九年から三年間続いた自然災害の時期を指しているが、実際は三年で終わったのではない。一九六三年になっても、状況はまだかなり深刻であった。自由市場に食材がやや増え始めたのは一九六四年頃であった。それまで、米や小麦粉のみならず、肉や野菜、豆腐などの副食品も極度に欠乏していた。知識人の中に自然災害と認識する人は少ない。陰では早くから「三分天災、七分人災」(三割が天災、七割が人災という意味)と言われていた。

飢餓の時代だからといって、毎日、暗澹たる気分で過ごしたわけではない。お腹を空かしながらも、庶民たちは知恵を働かせてそれなりに生活を楽しんでいた。食料が不足すると、食に対する情熱はかえってわいてくる。手に入る材料を最大限に利用し、なるべく美味しく食べようとしていた。食料が豊富にある時代ではかえって思いつかない食物も少なくない。

凶作になると、市場からまず消えるのは肉である。肉とはむろん豚肉のことで、食糧とともにいち早く配給制になった。「肉票」(肉のチケット)がないと買えないが、チケットがあっても、深夜から列に並ばないと手に入らない。もっとも困難な時期には供給さえ途絶えたこともあった。鶏肉はもっと珍しく、春節(旧正月)か国慶節(建国記念日)でないと、目にすることもない。一九六一年頃から、都市部の住民が鶏を飼い始めたが、ただ、それは卵を生ませるための「設備投資」で、軽々しく肉を食べることはしない。

豚肉は国営の店よりも闇市で入手しやすい。ただ、値段は驚くほど高かった。わたしが住んでいた集合住宅には、ときどき近郊の農民がつてを頼って、肉を売りに来る。もっとも高いときは一斤(五百グラム)が六元もした。高卒の初任給が十八元の時代。一カ月の給料で一・五キロの肉しか買えなかった。大人たちが豚肉を前にして嘆いている姿はいまもはっきり覚えている。

◆大豆製品の美味しさ

肉が不足していたから、タンパク質を補うために、「豆製品《トオーチーピン》」（大豆製品）はたいへん重宝がられていた。一口に「豆製品」とは言っても、種類はさまざまである。絹豆腐や木綿豆腐のほか、「豆腐乾《トオーフーカン》」（しめ豆腐）、「油豆腐《ユートオーフー》」（三センチほどの、立方体の厚揚げ）、「百頁《パイイエー》」（薄くしぼった木綿豆腐）、「素鶏《スウチー》」（ゆばを圧搾して作った食品だが、実際はゆばではなく、代用品が使われていた）などの大豆製品はもちろん、緑豆澱粉で作った「粉絲《フェンス》」（春雨）、「粉皮《フェンピ》」（ゆば状の春雨）や、「水麵筋《スエメンチン》」（生麩）、「油麵《ユーメン》筋《チン》」（麩の油揚げ）、焼麩を水でもどした「烤麩《コオーフー》」なども含まれている。いずれも配給品で、各省や直轄市の「蔬菜公司《シューツアイコンスー》」が発行する「豆製品票」が必要である。ただ、実際店頭に出ているのは、豆腐、「豆腐乾」と「百頁」ぐらいだ。

豆製品はちょっとした工夫で美味しい料理ができる。なかでも「百頁」の使い道は広い。いまでもよく思い出すのは「百頁結紅焼肉《パイイエーチエーホンシャール》」（百頁入りの豚角煮）だ。食糧難がもっとも深刻な時期に、食卓に肉が出る日は数えきれるほど少ない。半年以上肉を見ないこともあった。春節や国慶節などの祝日に肉が手に入ると、うっぷんをはらすかのように、一食で平らげてしまう。満足感をもっとも得やすいのは豚の角煮。しかし、ふだん滅多に口にしない分、ただの角煮ではもったいない。そんなときは「百頁結紅焼肉」の出番だ。量の多さを演出するには、またとない食材である。

「百頁」とは原料の豆乳ににがりを入れ、一枚の木綿の布に挟んで、薄く圧搾したものである。農村で作られた「百頁」はやや厚めだが、都市部のは一ミリにも満たないほど薄い。一枚がほぼハンカチほどの大きさで、両面には布の圧搾痕がついている。それを十センチ四方に切り、細い筒のように丸めてから、リボン結びにする。それが「百頁結」という。豚の角煮に入れて煮込んだのが「百頁結紅焼肉」。「百頁」は肉の旨味や脂肪分をたっぷり吸収しているから、食べる感触は肉に近い。つまり、豚の角煮に「百頁」を入れることによって、「肉」の量を二倍に増やすことができる。「百頁」は豚肉のような歯ごたえがあって、一口食べると、肉汁がじわっと口の中に広がる。

「百頁包《パイイエーパオー》」もまた庶民が好きな料理であった。三年自然災害のあいだは、食糧が不足していただけでなく、食材の品質も悪かった。ふだんよく食べる青梗菜《チンゲンツアイ》や大根はやせ細ったものばかりであった。それでも貴重な食品だから、少々黄色くなっても、虫食いがあっても棄てない。しかし、そのまま炒めたら、まずくて食べづらい。「百頁包」にすると、問題は一挙に解決する。

まず、野菜をみじん切りにし、細かく切った「豆腐乾」と醤油、塩、油を加えて、具にしておく。「百頁」を十センチ四方に切って、正方形の対角線に沿って具を入れてから包む。最後に包みがほどけないように、白い糸で軽く縛る。すると、幅三センチ、長さ十センチほどの「百頁包」が出来上がる。白菜を炒めてから、「百頁包」を入れ、弱火で七、八分ぐらい煮込む。白菜の旨味が「百頁包」の中にしみ込み、野菜料理とは思えないほど美味しい一品である。

豆腐を生かした料理で、もう一つ忘れられないのは「薺菜《ジーツァイ》豆腐湯《トオーフータン》」（ナズナと豆腐入りのスープ）である。この料理は以前からあったが、食糧不足の時代には、よく食べるようになった。ナズナは生命力がつよく、どこでも生えていた。立派な野菜として売り出されているが、買わなくても、手に入れることができる。実際、市内の緑地の周辺や公園でよく見かけていた。小学生のとき、遠足に行った同級生の女子学生が野辺のナズナを取っていた。

「薺菜豆腐湯」の作り方は簡単である。ナズナをさっと炒めてからお湯を加えて煮る。煮え立ったら、一センチ四方に切った絹豆腐を入れる。後は塩と胡椒で味つけすればよい。ナズナには旨味成分が含まれており、そのまま炒めるだけでもたいへん美味しい。「百頁結紅焼肉」や「百頁包」と同じように、「薺菜豆腐湯」も典型的な庶民料理で、レストランのメニューにはまず出てこない。

◆硬焼きの「餅」

「民は食を以て天となす」という名文句がある。為政者にとって、「食」の問題はまず主食の米や小麦粉の供給である。三年自然災害のときから八〇年代まで、中国の都市部ではすべての穀物は配給制になっていた。年齢、職種、性別によって、毎月の配給量が違う。高校の男子生徒は一カ月三十斤（十五キロ）で、主婦は二十八斤であった。いまなら、十五キロもあれば、充分足りるだろう。しかし、肉がなく、野菜も副食品も不足していたから、配給量だけではどうしても間に合わない。市糧食局は毎月の二十六日に翌月のチケットを配布するが、その日を待たずに食糧が底をつく家庭が多かった。小学生のとき、ある同級生が一時限目からずっと寝ていた。先生が注意したら、「今日は二十六日。朝から何も食べていない。お腹が空いていて座っていられない」と力なさそうに答えた。さすがの先生も言葉に窮してしまった。

当時、上海で配給された食糧は七割が米で、三割が小麦粉であった。国際市場で小麦粉の値段は米の半分で、米を輸出して、小麦粉を輸入すれば、一キロが二キロになるという。ただ、配給された米も小麦粉も二、三年も貯蔵したもののようで、品質が極端に悪い。虫がついているだけでなく、米粒を親指と食指で軽く押すだけで、粉々になってしまう。

小麦粉に虫がつくと、取り除くのが難しい。しかも、虫の排泄液で固まったり、糸を引いたりしている。そこで考え出されたのは、「硬殻餅《インカーピン》」と呼ばれた硬焼きパンである。小麦粉をふるいにかけ、虫や固まった部分を取り去る。水とイーストを加え、ペースト状になるまで混ぜ合わせる。熱くしたフライパンに一個分を流し込んで、中火で焼く。上手に焼くコツはなるべく薄くならすことだ。サラダ油を使わないが、二、三分もすると、ぱりっと焼き上がる。適当な酸味があって、香ばしい。キャベツのスープにはぴったりの食物である。

◆のびたラーメン

一九八〇年代まで、中国の都市部では食料は「糧食店」で販売されていた。一部の地域で「糧食店」のことを「糧店」や「糧油店」とも言うが、市民たちのあいだでは通常「米店」と呼んでいた。「糧食店」は米や小麦粉などのほか、各種のラーメン、ワンタンやギョウザの皮なども販売していた。日本の素麺《そうめん》とよく似ている「巻子麺《ジュウアンツーメン》」もあるが、生のラーメンより値段は三倍ほども高い。

ワンタンやギョウザの皮、シュウマイの皮はいずれも定量生産で、前の日に予約しないと購入できない。ラーメンは細い麺から、極太の麺にいたるまで少なくとも五、六種類がある。いずれも「切麺《チエーメン》」と称されていた。

普通の「切麺」には三割のサツマイモの粉が入っている。見た目はやや褐色っぽく、茹でると切れやすい。細い麺には向かないため、店頭には極細の「龍鬚麺《ロンシユーメン》」は見あたらない。一九六四年になると、状況はやや好転し、ラーメンは「精白切麺」と「普通切麺」に分けられるようになった。そのとき、極細の「龍鬚麺」は「精白切麺」として復活した。

一九六〇年代の初頭、ラーメンの細さにこだわる余裕などはなかった。主婦たちは、限られた食糧を少しでも多く増やそうと腐心していた。むろん、量そのものを増やすことはできない。しかし、お腹を満たし、飢餓感を一時的にしのぐ方法はいくらでもあった。もっともよく用いられた手はお粥である。二人分の食糧でも、お粥にすれば家族六人に食べさせることができる。「爛《ラン》糊麺《フーメン》」という、のびきったラーメンも同じ目的で作られていた。

「爛糊麺」はもともと「湯麺《タンメン》」から発想されたものである。中国の「湯麺」は日本と作り方が違う。日本ではラーメンが出来てから、炒めた野菜をのせる。中国のレストランでも作り方は同じだが、家庭では作り方が違う。まず野菜を炒めてから、水を多めに入れてスープふうに煮る。その間、ラーメンを別の鍋でさっと湯通しをしておく。野菜スープの具が柔らかくなったら、ラーメンを入れて、味を調える。もっとも一般的なのは白菜の「湯麺」である。

のびきったラーメンの作り方はここからが違う。出来上がった「湯麺」に多めのお湯を入れて、弱火で煮込む。麺がのびたら、蓋をして二、三時間蒸らす。見た目はあまりよくないが、麺がのびたとき、つゆをたっぷり吸収するから、非常にうまい。白菜のない季節には、青梗菜でも咸《シエン》菜《ツァイ》（高菜漬け）でもよい。ニラやほうれん草は使わない。

ほんらい食糧不足のために考え出されたものであったが、不思議なことに、「三年自然災害」が終わってからも食卓から消えなかった。というより、庶民たちは好んで食べていた。この食物は、入れる材料を少し変えると、いっそう美味しくなる。豚肉の細切りと、干しエビや枝豆を入れると、麺のなかに肉や枝豆の旨味がよくしみ込んで、ほかの小麦粉食品にない美味しさがある。

わたしは日本に来てからもこの味は忘れられず、いまでもよく食べている。

のびきったラーメンが食べられるうちはまだいい。野菜も手に入らないときには、「麵疙瘩《メンゴーター》」と呼ばれる中国風のすいとんを食べる。三年自然災害のあいだに食べたものの中で、これほどまずい食物はない。

中国風のすいとんは日本のと作り方が違うようだ。まず小麦粉に水を入れ、よくかき混ぜる。鍋で水をわかし、沸騰したら、ペースト状の生地を散りれんげですくい上げて、鍋の中に一個ずつ入れる。最後に少し生地を残して、水を入れて薄める。これを鍋に入れて、あんかけになるようにかき混ぜる。最後に塩で味付けをすれば、出来上がる。もともと粗末な食物だが、古くなって変質した小麦粉を使うと、いやな酸味があって、じつにまずい。

中華料理といえば、フカヒレやツバメの巣など、高級料理を思い浮かべることが多い。しかし、飢餓時代の食物もまたれっきとした中華料理である。そうした食物は必ずしもすべて「三年自然災害」のあいだに発明されたとは限らない。ただ、もし食糧難がなかったら、一般市民が口にすることもなかったであろう。料理文化はほとんどの場合、食のピラミッドの頂点から下の方へと広まるが、飢餓の時代だけは下層社会の食物が逆流する現象が見られる。

「三年自然災害」のとき、地域によって飢餓の度合いは違う。深刻な食糧不足に陥った農村部では、状況はさらに悪かったであろう。右に述べた料理も上海だからこそ食べられたのである。

むだのなかに隠された合理性

一九九八年十月上旬、ふるさと上海に帰り、二週間ほど滞在した。約一年ぶりの再会を喜んでくれた親戚や友人は立て続けに食事に招待してくれた。

ここ十年のあいだに中国人の食生活は激変した。香港料理の影響で料理店の味はもちろん、調理法からメニューや注文の仕方まで様変わりした。評判のレストランでは店の一角に水槽がおかれており、なかにはロブスター、カニや魚類が生きたまま飼われている。客はその場で食材を選び、好きな料理法を指定して調理してもらう。

市場経済の浸透でビジネスの接待が盛んになり、一昔前に比べて外食の機会は増えた。そのため、油っこい料理は敬遠されるようになった。香港資本が経営するレストランでは味付けが薄く、油も昔ほど使わなくなった。まだ日本料理ほどではないが、あっさりした料理はだいぶ多くなったようだ。そのかわり、子供の頃から食べてきた料理はほとんどメニューから消えてしまった。昔「螞蟻《マーイ》爬樹《パーシュゥ》」という庶民料理があった。春雨と豚肉みじん切りの炒めものだが、いまはどの料理屋にもない。

二週間に近い滞在のなか、「接待」攻勢で胃袋はさすがに疲労困憊した。日本に十四年も滞在したからなのか、少食の習慣がすっかり身についてしまった。そんな自分にとって、毎食五、六品以上の料理はもはや拷問としか言いようがない。それでも地元の人に言わせると、もっとも質素な食事だという。それ以下の注文をしたら、ウェートレスに怒られるそうだ。なによりも二、三品だけの外食は中国ではさまにならない。炒めもの、蒸しもの、鍋焼き、煮込みなど調理法ごとに一品ずつを取るだけでもたちまちテーブル一杯になる。ましてや食材ごとに注文しようと思うと、もうきりがない。中国では食後に料理が残るのが誠意の招待と見なされている。だから、料理は最初から食べきれないほど注文される。むだは中国料理の一部になっているといえるかもしれない。食生活における浪費が美徳と見なされたのは、むだは精神的なゆとり、という意味で評価されているからだ。

それぞれの時代には異なるぜいたくの基準があった。むだは人によって内容も意味も違ってくる。中国料理のむだは大きく分類すると、だいたい三つに分けられる。食材のむだ、調理法のむだ、および料理の品目数の多さによるむだである。その点においては昔も今もあまり変わらない。

一　食材のむだ遣い

「炙豘《しやとん》」という古代料理は食材のむだ遣いの典型例である。「豘」とは子豚のことだから、いまの「烤乳猪《コールーチュ》」とよく似ている。『斉民要術《せいみんようじゅつ》』に調理法が記されたこの料理は、まだ乳を飲んでいる子豚を使う。つぶしてから皮をこすり洗い、さらに包丁でこそげて、きれいにする。腹に小さい口を開け内臓を取り出し、なかをきれいに洗う。茅を腹のなかにいっぱい詰め込み、クヌギの棒を通す。弱火を使い、火から離れるように炙《あぶ》る。炙りながら清酒を何度も塗り、棒をとめないように速く回す。さらに新鮮で真っ白なラードを塗り付ける。ラードがなければごま油でもよい。そのうちに子豚の皮は琥珀色のようになる。焼き上がりの子豚は汁と油をたっぷり含んでいるから、口の中に入れると、氷や雪のようにすぐ溶けてしまうという。

乳飲みの子豚を使うのはこの料理の特徴である。孔子、孟子の説にしたがえば、ほんらい幼い家畜や稚魚などの食用は禁止されるべきだ。子豚も例外ではない。この料理はタブーを破ってまで美味しさを求めようとして考案されたのである。

もっとぜいたくなのは母豚の胎内の子豚を使う料理である。調味料などは多少は異なるものの、料理法は右の「炙豘」とそれほど変わらない。子豚を取り出すために、親豚も殺さなければならないから、乳飲み子豚の場合よりも浪費が大きい。そのかわり口当たりはいっそう柔らかいという。この料理は一九四〇年代の終わりまであったが、いまはほとんど姿を消してしまった。

子豚と同じように、熊の手を使った料理も食材のむだ遣いである。子豚の場合と違って、この料理は食材の一部分しか使わない。熊の肉は蒸し料理として文献に出てくるが、王侯貴族が食べるものではなかったようだ。おそらく下層の人々の食物であろう。いずれにしても、熊の手を取るために、大きな熊を一頭屠殺しなければならない。

時代が下るにつれ、食材のむだ遣いがいっそう多くなった。宋代の『玉食批』によると、「羊頭簽」という料理は羊の頬の部分しか使わず、「土歩魚」は頭部の両側の肉しか使わない。またゆずの皮に「蝤蛑《がざみ》」という海のカニの肉をつめて蒸した料理があるが、その場合も、はさみの肉だけを使い、それ以外の部分は「貴人が食べるものではない」と言って、すべて棄てられたという。

清代の『醒園録』には「繡球燕窩」という、ツバメの巣を使った料理が出てくる。記された調理法によると、茹でた肉を細かく切り、緑豆でんぷんおよび落花生の油、山椒や酒にたまごの白味を加え、ツバメの巣の形をした肉団子を作る。それからツバメの巣を使い、肉団子を包むようにしっかりと貼り付け、一個ずつさっと湯通しをする。全部出来上がると、肉の煮込み汁に甘口の酒と豆の油を少々入れて沸騰させる。それから、ツバメの巣の団子を肉汁に入れて、沸騰したらすぐ盛りつけをする。胡椒、ネギの細切りやシイタケをかけて出来上がる。

ツバメの巣は代表的な珍味のひとつだが、これもぜいたくを求め、むだを評価する思考体系のなかで発見された食材であろう。歴史のなかで半数を超える王朝が中国の北部地域で都を築いたことを考えると、はるばる南方の沿海部、ときには東南アジアからツバメの巣を取り寄せることは、この上ない人力や財力のむだ遣いである。だが、清の皇帝たちは皆この珍しい食材を偏愛していた。

袁枚《えんばい》の『随園食単』には「煨鹿筋」という、鹿のアキレス腱の煮込み料理がある。鹿のアキレス腱は硬く、三日前から下ごしらえをしなければならない。その間生臭さを全部出すまで、何回も水を換える。三日経ってからアキレス腱を豚の肉汁に入れ弱火で煮込む。柔らかくなってから豚の肉汁から出し、ニワトリの煮込み汁に入れてさらに煮続ける。最後に醤油を入れて、汁が少なくなるまで煮詰める。白が好きな場合は何も入れないでそのまま皿に盛りつけるが、火腿（中国ハム）、タケノコやシイタケを入れると、赤色になる。その場合は汁を残したまま碗に盛りつける。

牛や豚のアキレス腱はいまでも高級な食材で、とくに乾燥品はかなり高価である。しかし「煨鹿筋」はたんに高級な食材を使っただけではない。豚汁やニワトリの汁は中間加工材として用いられている。とくに豚の肉汁は使用後には棄てられるから、ぜいたくな調理法である。このように中間加工においても目に見えないむだや浪費は少なくない。

めである。

二　手間暇のかかる加工法

中国料理に見られるむだは食材の選択にとどまらない。手間暇のかかる料理は経済的な見地からはもちろん、味も必ずしも全部美味しいとはかぎらない。難しい調理法は場合によってはただステータスの象徴で、美味を求めるというより、衣裳と同じように心理的な満足感を追求するためである。

『礼記』「内則」に出てくる「炮豚」、「炮牂」（「牂」は羊という意味）の料理法はその一例である。豚か羊を切り裂いて、内臓を取り出してから、腹にナツメをいっぱい詰める。草で編んだむしろで包み、外側を土で塗り付けて炙る。土が乾いたらこそげ落とし、手を洗って肉をこすりながら表面の薄い皮をはがす。米の粉を用意し、水を入れかきまぜて糊状にする。これをすでに炙った肉にまぶし、鼎で熱くしたラードのなかで揚げる。ラードは肉が全部浸かるようにたっぷり入れなければならない。次に、大釜に湯を沸かし、そのなかにすでに揚げた肉を入れた鼎を入れ、香料を加えて蒸す。鼎に湯が入らないように気をつけながら、三日三晩、火を絶やさずに蒸す。最後に酢や塩辛で味付けする。

この料理は焼く、揚げる、蒸すという三つの加工過程があり、しかも最後の工程は三日三晩かかる。その間、料理人も当然そばにいなければならない。人力のむだ遣いにもとづく料理といえよう。

しかし、現代の中国では同じ料理を作るのに、複数の調理法を用いる例はかなり少なくなった。炒め料理の場合、材料をさきに茹でたりすることもあるが、それ以外の調理法、たとえば焼く、揚げる、蒸すの三つはそれだけで独特の風味を出せるから、ほかの調理法と重複して使用する意味はない。この「炮豚」という料理も美味のためというより、調理法の儀礼性を重んじた結果といえよう。複雑でむだの多い作り方は権威を象徴していたからだ。

『斉民要術』巻八第七十九に「白瀹肫」という料理の作り方が記されている。「瀹」は煮るという意味で、「肫」は子豚のことある。「白瀹肫」はほんらい子豚の水炊きという意味だが、調理法は普通の水炊きより遥かに複雑である。

まず、下ごしらえをした子豚を絹袋に入れて、酢漿水《すゆれみず》（澱粉質の浸水液を発酵させたもの、訳語は西山武一・熊代幸雄訳『校訂訳斉民要術』アジア経済出版会による）で煮る。灰汁《あく》を取り、二回ほど沸騰させたら、すぐ出して冷水をかける。茅や蒿の葉で真っ白くなるまで皮をこすりながら洗う。さらに小麦粉を水で溶き、麵漿《のりみず》をつくり、絹袋に入れた子豚を麵漿のなかに入れて煮る。まえと同じように、たえず灰汁を取る。充分煮込んでから、鍋から出して皿におく。麵漿には冷水を入れて温度を下げ、適温にしてから、皿に注ぎ、子豚を浸す。これで出来上がる。食卓では手で裂いて食べる。このように調理すると、皮は玉のように白く、口当たりは滑らかで美味しいという。

この料理法は現代中国にはすでにない。加工法にむだが多く、面倒なわりには必ずしも食材の美味しさを充分引き出せるとはかぎらないからだ。火力が調整できる今日では、同じ効果に達するにはほかにもいろいろな方法があるだろう。

食材を調味料代わりに使う料理もある。唐代『盧氏雑説』などの文献に出てくる「渾羊歿忽」という料理では羊が調理加工材として用いられる。食事の人数分に合わせてガチョウを選び、羽毛を取り内臓を取り出しておく。次に肉と糯米《もちごめ》を調味料で調合しガチョウの腹に詰める。羊の皮を剝ぎ、内臓を取り出す。次にガチョウを羊の腹に入れ、縫い合わせてから火で炙る。羊肉に充分火を通すと、羊を棄て、なかから取り出したガチョウだけを食べる。

「渾羊歿忽」はのちに食卓から消えたが、料理法は形を変えて現在でも使われている。清代『調鼎集』には「面煨鯿魚」という料理があるが、調理法のコンセプトは「渾羊歿忽」とよく似ている。魚の腹を開いて洗ってからなかに豚の脂、塩、酒、醬油やショウガのみじん切りを入れる。次に小麦粉で薄いパンを作り、パンがまだ熱いうちに魚を包む。蘆《あし》を焼いて熱い灰を作る。そのなかにパンで包んだ魚を入れる。パンがこげる頃になると、なかの魚も出来上がる。食べるときにはパンをはがして棄てる。

三　むだな食べ方

中華料理の特徴として品目数が多いことがあげられる。客を自宅やレストランで招待するときには、いまでも食べきれないほどの料理を用意する。招待者にとって宴席が終わったときに食卓になにも残らないほど恥ずかしいことはない。現代の宴席では前菜四品、炒め料理六品か八品、煮物四品のコースが普通である。それにスープと点心が加わるから、これだけでもかなりの量である。ところが、清代の宴席は遥かに豪華である。なによりも宴会の形式は現在と違っている。西洋人が書いた見聞録によると、前菜や炒め料理が終わってから客はいったん別のテーブルに移り、食卓はきれいに片付けられる。お茶を飲んでから料理とご飯は再び並べられるようになるという。

『調鼎集』の記録はその点を証明している。巻二には宴席料理の組み合わせが紹介されている。そのなかで料理は食器と料理法によって分類されている。食器による分類には「碟」(小皿)、「小暖盤」(小皿の熱い料理)、「中暖盤」(中皿の熱い料理)、「中暖碗」(中碗の熱い料理)、「大暖碗」(どんぶりの熱い料理)と「大暖碗湯」(どんぶり入りのスープ)などの数種類あり、料理法では「熱炒」(炒め料理)、「焼炸」(煮物や揚げ物)、「白片」(茹でたのを薄切りにした料理)などがある。

宴席での品目数や料理の組み合わせ方については、二十六ぐらいのパターンが挙げられている。どの組み合わせにも三十品以上の料理がある。宴会はお茶の時間をはさんで、前後二部に分けられる。前半の第一部が終わると、いったん料理と食器をすべて取り下げる。お茶を飲んでから、後半の第二部が始まり、前半と同じように再び多くの料理が並べられる。その間、小麦粉や米粉《ビーフン》で作った点心類も通常四品ほど出る。そのほか果物、干し果物、クルミ、松の実などを入れると、四十品を超える。もっとも多いのは点心も含めて、なんと百十七品にものぼる。しかもその品目数には落花生や瓜の種などは計算に入れていない。

清末の宴席は昼から夜にかけてえんえんと続くのが多い。前述のメニューもそうした習わしのもとで考え出されたものであろう。だが、どのような長い酒宴でも、これほどの料理となると、やはり常人の受け付ける限度を遥かに超えている。とりわけ後半の第二部になると、美味しい料理を賞味すると言うよりもむしろ儀礼のようなものに過ぎない。事実、清末にはもっとも高級な料理、たとえばフカヒレやツバメの巣などは宴席のはじめに出されていた。宴席の前半で腹いっぱいになることはおそらく最初から想定され、後半の料理はただ食卓を飾るぐらいの意味しか持たなかったのであろう。その習慣は一九三〇年代にもなお一部で残されており、金子光晴はかつて『どくろ杯』（中公文庫ほか）のなかでえんえんと続いた宴席のことを紹介したことがある。

一九四九年以降になると、さすがにそうした宴席はなくなった。だが、旧正月や大事な客を招待するときの料理品目数は依然として非常に多い。筆者は上海の平均的な家庭で生まれ育ったが、大晦日の夕食には大人でさえ食べきれないほどの料理が食卓に並べられていたのをいまでもはっきりとおぼえている。やむない事情がないかぎり、どんな貧しい家庭でも、年に一度は家族全員に「ぜいたくな食事」を経験させる。食物のむだな消費法は庶民生活まで浸透している。

そのような宴席がいつから始まったかは明らかではない。宋代の『玉食批』には高宗が清河王である張俊第の自宅に御幸したときのメニューが記録されている。塩漬けや燻製食物が八品、旬の果物類が八皿、酒の肴が十五品、そのほか「挿食」（メイン料理のあいだに出す料理）八品、「厨勧酒」（おもに海鮮類）十品、羹類など十品など、全部で六十品を越える料理や果物が出されている。食卓に必要以上の料理を並べる習慣は宮廷の習わしとしてもっと古くさかのぼるであろう。のちに上級官吏や豪商たちがまねをし、ついには庶民の食卓にも影を落とすようになった。

明代に書かれた『五雑組』によると、宋の孫承祐は一度の宴会に千余の家畜や家禽を殺し、李徳裕は一杯の吸物に、二万の費用をついやした。宋の太師（首相）であった蔡京は鶉《うずら》が好きで、一日に千羽ほど料理したという。また、『五雑組』の著者の父親がたまたま出席した宴会には主客あわせて三名しかいないのに、料理人に聞いたところ、ガチョウ十八羽、ニワトリ七十二羽、豚肉百五十斤を使った、とも記されている。

四、表裏をなすむだと合理性

食生活におけるむだは必ずしも一概に悪いとはいえない。食材のむだ遣いは新しい料理を発見するきっかけになることもしばしばある。「麵筋」（グルテン、日本では「麩」という）の発明は食料の余裕とむだ遣いと無関係ではない。「麵筋」とはこねた小麦粉を布袋に入れ、水洗いをしてできた食材だが、加工段階には八割以上の小麦粉がむだになる。だが、もしそのようなむだがなければ多くの精進料理も生まれてこなかっただろう。

中国では豚肉を部位ごとにこまかく分け、それぞれ名前がつけられている。調理のときその部位にもっともふさわしい料理法が用いられる。その結果多くの料理が生まれた。たとえば「炒里脊」(ヒレ肉炒め)、「煮蹄筋」(アキレス腱煮込み)などがそうである。ほんらい裕福層が美味を求めるために、もっともよい材料を使った結果である。だが、彼らはそれ以外の部分を棄てるか、あるいは使用人などに食べさせていたから、結局、食材消費のピラミッドが形成された。すなわち頂点に立つ人間が捨てたものは、順次より低い階層の食物となる。底辺に行くと、もう棄てるものは何もない。中国では豚の頭からしっぽまですべて食材となったのはそのためであろう。むだと合理性はつねに表裏をなす関係にある。

むだが多い調理法や加工法も新しい発明の糸口になる。「炒め」はかつて中国料理を大きく変えた調理法であったが、ほんらい中間加工としてはむだな工程である。宋代の料理書には炒めはいったん茹でた食材に使われると記されている。すなわち「茹でる」と「煮る」とのあいだの、中間加工法として使用されていた。ほんらいあまり意味がなかったが、のちに生の食材を直接高温で炒めるようになってから、中国料理の味は一変した。むだから生まれた「炒め」がなければ、中国の食文化もまったく違った道をたどったのであろう。

簡素よりも面倒な加工法を、節約よりもむだな食材遣いを評価する風習のなかで、新しい風味がたえず生まれてきた。ナマコは生のままでは決して美味しいとはいえない。しかし、いったん乾燥させてから水で戻すと、口当たりのやわらかい高級食材に変わる。フカヒレも生より乾燥したのが珍味になる。

豚のアキレス腱はそのまま調理しても美味しいが、いったん乾燥させ油で揚げてから水で戻すと、豚のアキレス腱とは思えないほどまったく別の味になる。しかも生のままで調理したのと違う美味しさがある。むだはすべてよいとはむろんいわない。だが、「面倒」と「むだ」は中国料理の幅を広め、味を奥深いものにしたのも否めない事実である。

六　食べるは楽し、作るもまた楽し

◎游魚、「刺繍花卉虫魚冊」（韓希孟作、部分）

日曜コックの楽しみ

一カ月に一度ぐらいは必ず台所に立つ。趣味というほどでもないが、包丁さばきがわりと好きな方である。「男子は厨房《ちゅうぼう》に、入るべからず」の日本ではとても人に言えないことだが、手に中華鍋を持ち、ガステーブルのまえに立つと、いつもながら思わず胸がわくわくする。

たんに美味しいものを食べたいからではない。むろん美食は無類に好きである。しかし、それだけならどこかのレストランにいけばよい。みずから包丁をにぎるのはそれ以上の楽しさがある。たえず新しい料理を考え、より美味しい味をつくり出せるからだ。おまけに、外食するときには料理人の手抜きなどすぐにわかってしまうメリットもある。

日曜日の朝など、ひとりでぶらりと材料を買いに出かける。主婦のなかにまじるのはやや気恥ずかしいが、やむをえない。メニューについては腹案のあるときもあれば、ないときもある。目当ての材料を探すのも楽しいけれど、材料を見てから即座にメニューを考えるのも一興である。根に土がついている新鮮な野菜や、ぴんぴんはねる釣り立ての魚が買える市場がないのは残念だが、それでもスーパーではなんとか間にあう。

そもそも料理をつくるのは学問研究とどこか似ている。材料を集めたら、次はいかに加工、処理するかが鍵となる。理想的なのは肉類や魚類や野菜類の特色を生かし、個々の材料にない味まで出すことである。そこで材料の組み合わせの相乗効果を考え、調理の手順と火加減をいろいろと工夫する。料理は詩や絵画と同じように一種の自分表現でもある。そのためには構成力と想像力が欠かせない。しっかりしたコンセプトがないと、いい料理はできない。

単品の料理をいかに美味しくつくるかも重要だが、一品一品の組み合わせも大切である。色、形もそうだが、味のコンビネーションも料理をいっそう美味しくする秘訣である。ひとつの食卓に違う風味の料理があると、互いに味を引き立てることになる。たとえば醤油を使った煮込みは、塩味の炒め料理と交替に出すとよい。辛いものがあれば、酸っぱみの利いた前菜をなにげなしに一品添える。こりこりした歯ごたえが楽しめるあえ物には、口のなかに入れるとすぐにでもとろけてしまうような、柔らかい料理が似合う。中華料理のデザートが最後ではなく、途中で出されるのもそのためである。

調理のもう一つの楽しみは即興性である。料理の本を片手に「砂糖大匙一」「豚肉百グラム」ではつまらない。そのときどきの心情とひらめきでつくらないと、調理の愉楽が半減してしまう。毎度同じことをくりかえしては味もそっけもない。その日その日の気分によって材料の組み合わせや切り方、味付けを加減し、味わいが微妙に違うようにした方がおもしろい。料理本を利用するにしても、そっくりそのまま踏襲するのではない。二回目からは必ずどこかを変えてみる。失敗してもよいから、ときどき調理法をいじると腕もしだいに上達する。

なんでも合理的に考え、寸分も狂わないように計算するのは嫌いである。ぴったり合うことは必ずしもいいことばかりではない。たまには辻褄があわない方がかえって人間的である。たとえばギョウザをつくるとき、具があまるか皮があまるかを気にする人がいるけれど、わたしはそんなことはいっこうにかまわない。ちょうどあえばそれに越したことはないが、あまればあまるでなんとかなる。皮が足りなければ具を茶碗蒸しにし、具が足りなければ皮をそのまま茹でてラーメンのようにする。それでも、味はけっこういける。ほかにもいろいろできるがアイデアしだいである。思わぬ収穫や、新しい発見はそうしたちょっとした工夫から生まれることも少なくない。

焼餅を焼くのもまた楽しからずや

日本では中華料理の食材が簡単に手に入る。とくに東京や横浜あたりでは、ここ数年、中国人が経営する食料品店が増えている。「青梗菜《チンゲンツァイ》」、冬瓜《トウガン》、「豆苗《トウミャウ》」（エンドウの苗）、香菜はもちろん、「塔菜《ターツァイ》」、空心菜、まこもの芽、黄ニラなど、以前はあまり馴染みのなかった中国野菜も買えるようになった。日本にいながら、ほとんどの家庭料理が作れる。中国系や台湾系のレストランに行けば、ちまき、小籠包《ショーロンポー》、松糕《スンコウ》などの食品がほぼそろっている。だが、中華街に行っても食べられないものが一つある。庶民の味「焼餅《シャオピン》」である。

上海の街角には小さな飲食店がたくさんある。「焼餅」のことは上海語で「大餅《ターピン》」ともいうから、そうした店は俗に「大餅店」と呼ばれている。営業はだいたい午前五時から十一時までと、午後三時半から六時頃までの二つの時間帯である。少し大きい店では、夜間にラーメン屋に早変わりすることもある。午前中の手軽な朝食、午後の「点心」（おやつ）は市民のあいだに根強い人気がある。朝食の定番は「焼餅」、「油条《ユウテイヨウ》」（揚げパン）と豆乳で、そのほか肉まんや、

「葱油餅《チヨンユウピン》」（葱入りの焼きパン）、「生煎包子《シエンチエンポウツ》」（焼き肉饅頭）など多種多様である。

「焼餅」の値段はもっとも安い。二十年前に塩味の「焼餅」は人民元で三分で、甘いのは四分であった。一分は一元の百分の一だから、二つ買っても日本円で一円にもならない。いまは一つ五、六角ぐらいで、二十倍近く値上がりしたが、それでも日本円では十円にもならないであろう。

安いだけではない。何よりもその美味しさが最大の魅力だ。出来たての「焼餅」は中がふわふわしていて、表面はぱりっと焼けている。ゴマの香ばしさと葱の香りもまた小麦粉食品の美味しさを引き立てる。「咸豆漿《シエントオウチヤン》」（塩味の豆乳）を飲みながら、アツアツの「焼餅」を食べるのは最高の幸せだ。油条を三つ折りにして二枚の「焼餅」で挟んで食べるのも、また美味しい。朝寝坊をして、出社時間に遅れそうになった人たちが「焼餅」と「油条」のサンドイッチを食べながら、自転車で道を急ぐ光景は下町の風物詩であった。

「焼餅」の生地を作るのは簡単だが、焼くのが難しい。何よりも「焼餅炉」が大き過ぎて、家には置けない。しかも、「焼餅」は驚くほど安く、家庭で作る意味はまったくない。

ところが、市場経済が実施されてから、その安さが思わぬ問題となった。経済が急速に発展するにつれ、付加価値の低い商品として、「焼餅」は徐々に競争力を失った。それに食生活が豊かになり、パンやファーストフードをはじめ、競合する食品も次々と現れた。

もともと「大餅店」は典型的な３Ｋ企業である。従業員たちは早朝三時に出勤し、暗い内に準備作業に取りかからなければならない。重労働を嫌う若者に敬遠され、就職希望者はほとんどいなかった。そうしたいくつかの要因が重なって、一時「大餅店」の廃業が相次いだ。その隙間を狙って、各地からのニューカマーたちが進出し、個人経営の「大餅店」を次々と開店した。いまではほとんどが個人経営の店に変わっている。

上海は移民の町である。文化大革命の前も「大餅店」の店員はほとんど地方の出身者であった。店員同士は山東方言などで話しており、上海語のできない人も多くいた。文化大革命のあいだ、上海出身の若者が従業員に加わるようになったが、既存の店が廃業するにつれて、地元出身者はしだいに離れていった。気が付いたら、地方からの人が「焼餅」を作るという構図は以前とまったく変わっていない。

一九八〇年代半ば上海で肝炎が大流行し、それ以降、市民たちは外食業の衛生管理にかなり神経質になった。とくに個人経営の店に対する世間の視線が厳しく、使用される原材料などについて、一時噂が盛んに流れていた。そのことも「焼餅」「油条」離れを加速させた。

しかし、多くの市民にとって、「焼餅」「油条」はやはり懐かしい食品である。そこに目を付けたのは大陸に進出した台湾の外食産業。まもなく清潔な店と、行き届いた食品管理を売り物とする、新しい「大餅店」が誕生した。「永和豆漿店」はその代表格である。南京路という目抜き通りに一号店を構え、使い捨ての箸を使い、「油条」を揚げるサラダ油を繰り返し使わない、といったことをセールスポイントにした。そのかわり、価格は通常の「大餅店」の四倍もした。安心して「焼餅」や「油条」が食べられるということで、中流階層のあいだではかなり評判になった。

一方、収入が高くない人や、出稼ぎの「民工」たちは依然として街角の「大餅店」を利用している。こうして市場経済が進むとともに、「焼餅」「油条」も二極分化した。わたしは小ぎれいな店よりも、薄汚い店のほうが好きだ。その後、台湾に行く機会があったが、本家の「永和豆漿店」を覗いてみると、上海店より汚いのを見て、ほっとした。

現在、上海の「大餅店」の従業員はさまざまな地方から来ているから、「焼餅」の種類や風味も多様化した。以前、上海では塩味の「焼餅」が丸形で、甘いのが楕円形とほぼ統一されていた。いまは四角い形や靴のような長い「焼餅」なども登場し、味もそれぞれ違う。食べ歩きをするのが楽しい。

一口に「焼餅」とは言っても、奥が深い。その原型は西域から来た「胡餅《こへい》」であることはほぼ間違いない。『釈名』に「胡餅」という食品名が出てくる。ゴマをふりかけて作る、という細部も記述されているから、現在の「焼餅」にかなり近いであろう。『釈名』の撰者劉熙は漢代の人だから、「胡餅」は漢代にすでにあったことがわかる。

「胡餅」の名称をめぐって、晋代の陸翽《りくかい》『鄴中記《ぎょうちゅうき》』には興味深いことが記されている。晋末の十六国の一つ後趙《こうちょう》の高祖石勒《せきろく》（在位三一九〜三三三）は羯《けつ》族の出身である。当時、少数民族は「胡族」と称されていたが、石勒は「胡」という名称を嫌い、「胡餅」を「麻餅」と改称したという。それに対し、後魏・崔鴻《さいこう》『十六国春秋』は、胡餅を「麻餅」に改名したのは後趙の太祖石虎だとしている。いずれにしても、魏晋六朝の時代であったことには変わりはない。ちなみに、現在も「麻餅」という食品があるが、加工法は「焼餅」とまったく違う。水分を残さずに焼いたから、長期保存も可能だ。代表的なのは、蘇州の名物「芝麻餅」である。

仮に六朝のときに「胡餅」の名称が変わったとしても、一時的なことであろう。実際、白楽天の詩にあるように、唐になっても「胡餅」という名称は依然として用いられていた。その後、「胡餅」の用例は徐々に少なくなったが、清になってもなお文献に出てくる。

「焼餅」という名称も意外と早くからあった。『斉民要術《せいみんようじゅつ》』には「焼餅」の作り方が詳しく記述されている。ただ、羊肉と葱を入れるから、今の北方中国でよく見かける「餡児餅《シエンアルピン》」と似ているのであろう。現代中国語でいう「焼餅」はほとんどの場合、餡のないものを指している。ただ、地方によって作り方や形が微妙に違う。

宋・呉自牧『夢粱録』「諸色雑貨」には昼に売られている食品として「砂糖入りの粥、焼餅、焼き饅頭、炊餅、辣菜餅、春餅、点心の属《たぐい》」が挙げられている。胡餅は出てこないが、「焼餅」が餡入りであるかどうかは明らかではない。李斗『揚州画舫録』によると、「焼餅」には肉餡、野菜餡などの種類があるという。清代には餡入りのパンも「焼餅」と称されていた。

古い文献にある「焼餅」や「胡餅」はだいたい二種類の焼き方がある。インドのナンのように天火で焼く方法と、底が平らな鉄の鍋で焼く方法である。前者は油を使わないが、後者は油を使う。「焼餅」だからといって、すべてナンと同じような焼き方だと思ったら間違いだ。名称が同じでも、時代によってまた地域によって焼き方が違っていた。袁枚《えんばい》『随園食単』に「焼餅」のレシピが記されているが、作り方を見ると、明らかに鍋で焼く方法である。「焼餅」とは言っても、現在の「葱油餅」と同じ系統であろう。

油で焼くパンの中でも「羌餅」という食品は面白い。厚さ四、五センチ、直径五、六十センチもあり、家庭では作らず、「焼餅」と同じように店でしか食べられない。作り方は難しくない。発酵した小麦粉の生地をよくこね、塩と細切りの葱を入れる。丸い形に延ばしてから、表面にゴマをまぶす。特大のフライパンにサラダ油を引いて、こねた生地を入れて焼く。生地が大きいから、焼くときに少量の水を加える。油で焼く効果と蒸す効果が相乗作用し、天火で焼く「焼餅」とは違った美味しさがある。焼き上がると、三角に切って、量り売りにするところも「焼餅」と異なる。「羌」は古代中国の少数民族。新疆から青海省にいたるまでの地域を中心に居住していたが、漢代に現在の甘粛省あたりに移住した。「羌餅」は名前からしてその少数民族の食品のようだが、わたしは古い文献でまだ確認できていない。たんに調査が不十分なのか、それとも名称が変わったのか、はたまた羌《きよう》族と関係がないのか。いまのところ明らかではない。

ナンのような「焼餅」は自宅では作られないが、「餡児餅」や「葱油餅」のように、フライパンや中華鍋で焼ける「餅」は自宅でも簡単にできる。一口に「葱油餅」とは言っても、生地を発酵させるものと、発酵させないものがある。また、二ミリから五ミリほどの薄いものもあれば、二センチほどの厚いものもある。発酵させないのは薄いタイプだけで、地方によっては「葱油餅」や「烙餅」あるいは「春餅」か「薄餅」と呼ばれたりしている。そのまま食べてもいいが、葱や「油条」などをくるんで食べても美味しい。

わが家でよく作っているのは、厚さ二センチほどの「葱油餅」である。発酵させた生地をよくこね、五十グラムほどの大きさにちぎる。のし棒で幅五、六センチ、長さ二十センチほどに延ばしてから、サラダ油を薄く塗り、塩をまぶし、万能葱の細切りをのせる。塩も葱もやや多めに入れたほうが美味しい。生地を円柱状に巻き、手で縦の方向から厚さ一センチ、直径八、九センチほどの丸形に押しつぶす。サラダ油を引いたフライパンに入れ、蓋《ふた》をして中火で約四、五分ほど焼く。片方がこんがりと焼けると、ひっくり返す。さらに四、五分ほど焼くと出来上がる。その美味しさは山海の珍味に勝るとも劣らない。いまこうして書きながらも、よだれが出てきそうになる。

「焼餅」は食べるのも楽しいが、焼くのもまた興味が尽きない。

旅の食物、食物の旅

現在、「焼餅《シャオピン》」といえば、小麦粉で作るのが常識である。その点では古代も変わらない。と思っていたが、ある作品を読んで、わたしの自信が揺らいだ。『古今説海』には『説淵』からの引用として『板橋記《はんきょうき》』という小説が収められている。

唐の汴州《べんしゅう》の西に板橋店という宿屋がある。女将《おかみ》の三娘子《さんじょうし》は移住してきた者で、誰もその出身地を知らない。彼女は夫に死に別れ、子供も親族もいない。小さな宿屋を営み、生活がかなり裕福そう見える。店にはロバがたくさん飼育されており、道行く人が乗物のことで困ったりしていると、いつも安い値段で客にロバを売っている。そうしたこともあって、店の評判がよく、旅人がよくその宿屋に泊まっている。

元和年間、許州から来た趙季和《ちょうきわ》という人が東都に行く途中、板橋店で宿泊した。宿屋に着いたとき、すでに六、七人の客がいたため、趙はもっとも奥の部屋に泊まり、一枚の壁を隔てて、女将の部屋とは隣り合わせになっている。

日が暮れると、三娘子はご馳走を並べて、客たちを手厚くもてなした。夕食の後も酒を出し、客たちと楽しく飲んでいた。いつの間にか夜が更けてしまった。客たちがしたたかに酔ってしまい、おのおの就寝した。三娘子も自分の部屋に戻って、蠟燭の火を消した。

趙季和は酒が飲めないし、ほかの客が熟睡した後も、なぜかなかなか寝付けない。すると、隣の部屋で何やら物音がするような気がした。壁の隙間を覗くと、三娘子が蠟燭に火を付け、箱の中から木の人形や牛および鋤を取り出した。大きさはみな六、七寸ほどである。口に水を含んで吹きかけると、人形たちと牛はたちまち動き出し、田を鋤で耕し始めた。三娘子は箱から蕎麦の種を取り出し、種まきをさせると、あっという間に花が咲き、蕎麦が実った。人形たちに収穫させ、小さな臼でその場で粉に挽いた。全部、六、七升ほどある。作業が終わると、木の人形や木の牛に戻し、箱にしまい込んだ。収穫した粉でそのまま焼餅を作った。

まもなくニワトリの鳴き声が暁《あかつき》を告げる。三娘子は先に起きて、客たちに出来たての焼餅を出した。不安に思った趙季和は一旦チェックアウトし、外に出て中の様子を覗いてみた。すると、食堂で焼餅を食べていた宿泊客たちは、突然、ロバの鳴き声をしたかと思うと、たちまちロバになってしまった。三娘子はさっそくロバたちを店の後ろに追い込み、彼らが持っていた金品を悉《ことごと》く自分のものにした。趙季和はそのことを誰にも話さず、彼女の魔術にすっかり感心した。

一カ月余り経って、趙季和は東都から戻り、また板橋店に宿泊した。宿屋に入る前に、自分で蕎麦の焼餅を作っておいた。三娘子は前回と同じように暖かく彼を迎え入れたが、趙季和の顔は覚えていない。その日、宿泊客は一人しかいなかったから、前よりも盛大なもてなしを受けた。寝る前に三娘子は何かご要望はないかと聞いたので、趙季和は、明日早く発つから点心を用意してほしい、と頼んだ。三娘子は必ずご希望の通りにしますから、今夜は安心して寝てください、と言って、自分の部屋に戻った。

真夜中になって、奥の部屋を覗いてみると、彼女は前と同じことをしていた。夜が明けると、三娘子はさっそく焼餅を盛った皿を食堂に運んできた。彼女がほかの食べ物を取りに行く隙を見て、趙季和は食堂に入り、その中の一枚を自分が持ってきたのとすり替えた。しばらくしてから、趙季和が食堂に現れた。彼は「自分はたまたま焼餅を持っているから、いま出された分はほかの宿泊客のために残しておいてください」と言って、自分の持ってきたのを食べ始めた。三娘子がお茶を運んでくると、趙季和は「味見でもしませんか」と言って、すり替えた焼餅を勧めた。一口食べたら、三娘子はたちどころに逞しいロバに変身してしまった。趙季和はそれに乗って出発した。しかし、いくら彼女の道具を使い、同じ方法でやっても蕎麦粉は採れない。趙季和はロバに乗って、各地に周遊したが、ロバは一日百里も歩き、一度も遅れたことはない。

あっという間に四年の歳月が過ぎてしまった。ある日、ロバに乗って道を歩いていると、路傍にいる老人は「板橋三娘子よ、おまえはなんて無様な格好をしているだろう」と、手を叩きながら大笑いした。そして、趙季和を止め、「彼女は確かに悪いことをした。しかし、あなたも彼女をずいぶんひどい目に遭わせた。どうか可哀想に思い、今日から自由にさせてください」と懇願した。趙季和が承知すると、老人はロバの口と鼻のあたりから手で皮を裂いた。すると、三娘子は皮の中から飛び出し、元の姿になった。彼女は老人の前に跪いて御礼を言ってから、どこかに姿を消してしまった。

この小説をいつ誰が書いたかは明らかではない。「唐の汴州」という言葉使いから考えると、宋代かその後の時代であろう。注目したいのは蕎麦粉で「焼餅」を作ることだ。唐の汴州は現在の開封市。そのあたりは確かにいまでも蕎麦を栽培している。

何と言っても、蕎麦粉で「焼餅」を作ることが面白い。わたしは寡聞にしてこれまで蕎麦粉の「焼餅」を聞いたことはない。『板橋記』という小説を読むと、蕎麦粉の「焼餅」は珍しいものではなかったようだ。趙季和は蕎麦粉の「焼餅」を外から宿屋に持ち込んだのだから、当時どこでも入手できる、一般的な食品であろう。

蕎麦粉で本当に「焼餅」が作れるのか。作れるなら果たしてどんな味なのか。それを確かめるために、さっそく作ってみた。現代中国の大都市で蕎麦粉を買おうと思うと、ひと苦労するが、幸い日本では難なく入手することができた。いざ作ってみたら、思わぬ大発見であった。

『板橋記』には作り方が書かれていないから、なるべく唐宋の時代に近い条件で作ることにした。まず、蕎麦粉に水を入れ、どろっとした状態にする。一つの生地には塩と葱の細切りを入れ、もう一つには何も入れない。

鉄の鍋に油を引いて、まず味のない生地を入れる。「薄餅《バオピン》」のつもりで、なるべく薄く焼く。しかし、小麦粉と違い、あまり薄くはならない。しばらくしたら、小麦粉と違う香りがしてきた。面白いことに蕎麦粉の焼餅は小麦粉のに比べて、焦げにくい。その分、焼く時間も小麦粉より倍以上もかかる。次に同じ要領で蕎麦粉の「葱油餅」を焼く。

出来上がりを食べてみたら、たいへん美味しかった。小麦粉の焼餅よりやや硬いが、独特の歯ごたえと香ばしさがある。ただ、厚めに作ると、火が通りにくい。また、大きく作るのが難しい。つなぎ材を使っていないから、割れやすい。わたしは厚さ五ミリ、直径十センチの丸形にしたが、このぐらいの大きさだと、割れる心配もないし、中もちゃんと焼けている。『板橋記』の蕎麦粉「焼餅」はフィクションではなく、実在した食品であったろう。

それにしても、こんなに美味しい食品をなぜ食べなくなったのか。理由はまったくわからない。もしかすると、見た目が影響していたのかもしれない。蕎麦粉の「焼餅」は茶褐色に見える上、小麦粉と違ってまったく膨らまない。両者を比べると、小麦粉のほうが香ばしくて、口当たりも柔らかい。しかし、蕎麦粉の「焼餅」には小麦粉の「焼餅」にない美味しさがある。後世に伝わらなかったのは、本当に残念なことだ。

趙季和が三娘子に勧めたのは、冷めた「焼餅」。蕎麦粉の「焼餅」が冷めたら、果たして美味しいのか。そこで、一時間置いたものと、二十四時間置いたものを食べてみた。温かいのに比べて、一時間経ったのはやや風味が落ちる。しかし、決してまずくはない。ただ、ラップをしないで、二十四時間そのまま置くと、水分がとれてかなり硬くなる。蕎麦粉の「焼餅」はどうやら保存食には向かないようだ。

蕎麦粉に比べて、小麦粉の「焼餅」は焼き具合によっては、立派な保存食にもなる。実際、遠出のときに携帯食としてよく利用されていた。わたしの祖父は若い頃、商売のためによく遠くに出かけていた。現在でいうビジネス出張だが、当時、中国の南方ではおもに船を利用していたので、旅程が数日間かかることもあった。その際、必ず「焼餅」を持っていったという。

この習俗は古くからあったようだ。『水滸伝』第六回に、魯智深《ろちしん》が赤松林で史進に出会う場面が描かれている。魯智深がお腹を空かしていると聞いて、史進は「ちょうど乾し肉と焼餅がある」と言って、持っている食物を魯智深に勧めた。

史進は魯智深と渭州で別れてから、延州、北京など各地を放浪したが、持ち金を使い果たしたので、赤松林に来て強盗となった。住所不定の身だから、携帯食を持ち歩いていた。その場合、「焼餅」は格好の食品となった。

米飯とは違い、焼餅は隠し持つのにも便利である。同じく『水滸伝』第四十九回に、獄卒の楽和が人の目を盗んで、死刑囚である解珍と解宝の二人に「焼餅と肉」を牢獄に持ち込んだことが描かれている。米飯に比べて、薄い「焼餅」のほうが人目に付きにくいであろう。

『清稗類鈔』によると、清の光緒帝は「焼餅」が大好きで、よく側近の宦官に外へ買いに行かせたという。紫禁城には大きな厨房があり、ありとあらゆる料理が作れる。しかし、さすがに「焼餅」は作らなかった。「焼餅」は庶民が食べる安物で、皇帝の食物としてふさわしくないと考えられていたのかもしれない。本来、皇帝が食べるものを外で買うのは安全上に問題があり、禁じられていたはずだ。「焼餅」は隠し持ちができるからこそ、宦官がこっそりと持ち込んだのであろう。ちなみに光緒帝が食べた「焼餅」は一つにつき、銀一テールもしたという。下級役人の一カ月の食費に相当する金額だ。店主が値段をつり上げたのか、それとも宦官が水増し請求したのか。その辺はよくわからない。

「焼餅」が携帯食とされる習慣は現代にも伝わっている。中国語には「干粮《カンリヤン》」という言葉がある。場面によって、指すものが違うが、一般に携帯用の焼餅、烙餅、マントウなどを指すことが多い。わたしが小学生の頃、遠足のときの携帯食はまだ〝干粮〟と呼ばれていた。一九六〇年代のときだから、多くの生徒は洋風のパンを持っていたが、中には親が作った「烙餅」や「葱油餅」などを持参する者もいた。もしかすると、中国で弁当の発想がなかったのは、「焼餅」のたぐいがあったからなのかもしれない。しかし、ここ二十年来、都市部の生活水準が急速に高まり、子供たちが遠足のとき、手作りの「餅」を持っていくことは、まったく見られなくなった。

「焼餅」の変種には、「老虎脚爪」がある。長江下流地域にある食品で、星形で厚めに焼いたものである。先が爪のように尖っているから、この名称がついたらしい。かなり堅く焼かれているため、夏でも約一週間ほど保存できる。こちらも携帯食としてよく食べられていた。母方の祖父が地方から遊びに来たとき、お土産として持ってきたこともあった。一九六〇年代にはまだときどき目にしたが、その後、姿が消え、いまはほとんど見なくなった。辞書にも載っていないから、そのうちに忘れ去られるのかもしれない。

中国の蕎麦の作り方

中国では蕎麦《そば》を食べるのか。この質問に対し、同じ中国人でも出身地によって、答えがまちまちであろう。

蕎麦のことは中国語で「荞麦《チョーマイ》」という。しかし、その栽培史も食用史もほとんど知られていない。この問題にもっとも早く気づいたのは篠田統氏である。『中国食物史』（柴田書店、一九七四年六月）では数カ所、蕎麦のことに言及している。食物史として、はじめて蕎麦のことに触れた功績は否定できない。ただ、いくら優れた本でも、完璧ということはない。蕎麦について、『中国食物史』には若干、間違った記述が見られる。

この本によると、『斉民要術《せいみんようじゅつ》』には「蕎麦」のことが見あたらないという。明らかに著者の見落としであろう。『斉民要術』には蕎麦の栽培法がはっきりと記されている。見落としの原因は、『斉民要術』の記述法と関係があるのかもしれない。じつは、穀物を論じた第二巻には確かに蕎麦が出てこない。そのかわり、冒頭の「雑説」には次の一節がある。「おおよそ蕎麦をつくるには五月に畑を耕す。三十五日すると埋草が腐熟するから、そうしたら転耕し播種《はしゅ》することができる。三遍耕して立秋前後各十日のうちに種《ま》く。もし三遍耕しおけば蕎麦も三段に実をつける。下二段の子実が黒くなれば、上一段の子実はまだ白くても、全部に白汁が充満して膿《うみ》の如くになっているのだから、早速刈り取り、梢と梢とを凭《もた》せかけて並べておくと、その白い子実も日と共にすっかり黒く枯れて来る。これが妙法というものであって、もし上段の子実まで全部黒くなるのを待って居れば、下段の黒い子実はすっかり滾《たぎ》れ落ちてしまう」（農林省農業総合研究所、西山武一ほか訳、引用者により一部の表現を変更）。篠田統氏はおそらくこの部分を見落としたのであろう。

蕎麦の栽培法について、『斉民要術』の記述は現在、確認できる史料のなかで、もっとも古い記録で、しかも驚くほど正確である。『長沙馬王堆一號漢墓出土動植物標本的研究』（文物出版社、一九七八年八月）によると、馬王堆漢墓の副葬品には蕎麦は見あたらないという。蕎麦は東アジア北部の原産だから、漢代には南方の湖南省にまだなかったのかもしれない。しかし、中国の北部では少なくとも六朝のときにすでに栽培していた。

『斉民要術』の記述は一つの重要なヒントになる。「雑説」の巻に入れられたのは、「穀物」として見られておらず、栽培を推奨するのに値しない、と考えられていたからであろう。ほかの文献にほとんど見ないのは、当時、上等な食糧ではなく、上流階級は食べていなかったからだと考えられる。実際、「五穀」の中に蕎麦は入れられていない。

唐代になると、栽培はかなり普及したようだ。白楽天に「村夜」と題する詩がある。

霜草蒼蒼虫切切、
村南村北行人絶。
独出門前望野田、
月明蕎麦花如雪。

霜草蒼蒼《そうそうそう》として虫切切《せつせつ》たり、
村南村北行人《そんなんそんほくこうじん》絶ゆ。
独《ひと》り門前に出でて野田《やでん》を望めば、
月明《あきら》かにして蕎麦花《きょうばくはな》雪の如し。

一行目の「霜草」は霜が降りた草、と解されているが、『斉民要術』の記述から計算すると、「霜降」の頃（旧暦の九月中旬前後）には収穫をしなければならない。だとすれば、たまたま霜が早く降りたのかもしれない。ただ、「霜草」の別名を「相思草」ともいう。白楽天が「相思草」のつもりで、「霜草」と言っている可能性もある。

残念ながら、どのように調理して食べるかについては記されていない。白楽天の詩のなかで食物のことはよく出てくるが、蕎麦の食べ方については何一つ触れていない。

面白いことに、白楽天（七七二～八四六）の前の世代の詩人たち、たとえば李白（七〇一～七六二）、杜甫（七一二～七七〇）、王維（七〇一～七六一）の詩には、いずれも「蕎麦」が出てこない。李商隠（八一三～八五八）は白楽天より若いが、その詩にも描かれていない。唐代になっても、多くの文人たちは蕎麦に興味がなかったようである。
唐代には蕎麦は山間部に栽培されていたようだ。李商隠と同世代の温庭筠《おんていいん》（八一二〜八七〇頃）に「盧処士の山居に題す」という詩がある。

西渓問樵客、
遥指楚人家、
古樹老連石、
急泉清露沙。
千峯随雨暗、
一逕入雲斜。
日暮飛鴉集、
満山蕎麦花。

西渓　樵客《しょうかく》に問い、
遥かに楚の人家を指す。
古樹　連石を老び、
急泉　露沙を清める。
千峯　雨に随って暗み、
一逕　雲に入りて斜《まが》る。
日暮に飛鴉集まり、
満山に蕎麦の花。

この詩に「楚」が出てきたが、もしかすると、唐代には南方でも山のなかでは蕎麦を栽培していたのかもしれない。
蕎麦粉を使った食品の作り方については、元代になってようやく記録されるようになった。王禎は『農書』七「百穀譜二・蕎麦」のなかで、北方で多く栽培される、と述べたのち、「蕎麦粉を（鍋に）薄くならして煎餅にして、ニンニクと一緒に食べる。あるいは湯餅にして、名付けて河漏という」と、調理法を紹介している。また、中国の南部でも栽培されていて、蕎麦粉をこねて「餅餌」（パン）にする、とも記されている。元代には中国の南部に伝わったことがうかがえる。「湯餅」は古代ではすいとんのような食品を指すが、後に麵類のものを称することもある。ラーメンは宋代にすでにあったから、『農書』でいう「湯餅」はおそらく麵類を指しているであろう。

「河漏」という名称は『水滸伝』にも出てくる。第二十四回に、西門慶《せいもんけい》が潘金蓮《はんきんれん》に一目惚れをし、王婆に彼女のことを聞き出そうとする。「隣はどんな商売をしているかね」と聞くと、王婆は「他家売拖蒸河漏子、熱盪温和大辣酥」とからかった。それを聞いて西門慶も思わず噴き出した。この部分について、駒田信二氏は「あつあつのお蕎麦と、ほかほかの大辣酥《だいらそ》（酒の名）でございます」と訳した。

王婆の言葉がなぜおかしいかは、じつはよくわからない。どうやら猥褻な言葉の駄洒落のようだ。それはともかくとして、「河漏子」という食品が『水滸伝』の舞台になっている山東省では、よく知られていたことは間違いない。

この「河漏《ホーロ》」は今日でも黄河流域一帯の方言で生きている。ただ、表記法が異なり、また地域によって発音が微妙に違う。「河漏」のほか、「餄餎《ホーロー》」「合餎」「合酪」などともいう。いずれも蕎麦粉を太いラーメン状にした食品で、地域によっては高粱《コーリャン》の粉やトウモロコシ粉を入れたり、ニレの皮を粉末にして入れたりすることもある。

知人の坂本一敏氏はラーメンの研究家で、『中国麺食い紀行』（一星企画、発売元・亜東書店、二〇〇一年十月）という奇書を著している。「奇書」とは誇張ではない。中国のラーメンについて、これほど詳しく実地調査した書物は見たことはない。何よりも著者はこの本に記録されたラーメンを全部、自ら口にしたのだから、驚きである。

坂本一敏氏は旅行会社の社長であったが、旅行業よりも中国のラーメンに興味がある。仕事の関係で、二十年前からほとんど毎年のように中国の各地を訪れている。あるきっかけで、さまざまなラーメンを食し、その見聞を記すようになった。中国人でも、坂本氏ほど多くの種類のラーメンを食べた人はいないであろう。しかも、食べるだけではなく、口にしたラーメンを写真に撮り、その感想や経験を文章に記している。『中国麺食い紀行』はその集大成である。坂本一敏氏のおかげで、中国の蕎麦のことを詳しく知ることができた。

中国の蕎麦の作り方は日本と違う。日本の手打ち蕎麦を作るには水回し、こね、のし、切るなどの工程があるが、中国の蕎麦は切るかわりに、こねた生地を「餄餎床《ホーローチャン》」という道具に入れ、蕎麦をラーメン状に押し出している。「餄餎床」は鍋の上に掛けられており、押し出された蕎麦はそのまま鍋に落ちて茹でられる仕掛けになっている。「餄餎床」には木製と鉄製の二種類あるが、作り出された蕎麦は味も形もそう変わらない。元代の「河漏」もおそらく木製のを使っていたであろう。最近、機械式の「餄餎床」が現れ、また一部の地域で切り蕎麦も見られるようになったという。

◎蕎麦を作る道具「餄餎床（ホーローチャン）」

中国でよく食べられているのは「羊肉荞麦餄餎」。蕎麦の上に羊肉がかけられているもので、見た目では小麦粉の「羊肉麵」とそう変わらない。

驚いたことに、中国にも盛り蕎麦がある。『中国麵食い紀行』によると、中国の盛り蕎麦は二通りの食べ方があるという。冷たいまま食べるときには、日本と違って、付け汁はない。蕎麦の上に調味料をかけ、かき混ぜて食べる。温かい蕎麦は、スープをかけて食べる。また、延安には「荞麦疙瘩」という、「猫耳朵」のような形をした食品がある。蕎麦は陝西省、甘粛省、内モンゴルのほか、四川省や雲南省でも食べられている。北京市内では蕎麦はまったく見ないが、道具の「餄餎床」は売っている。

中国の蕎麦はなぜ日本のように発達しなかったのか。そもそもなぜ「餄餎床」を使うのか。そのことはおそらくつなぎの使用と関係していると思う。蕎麦粉は粘性が低く、水であわせると、生地がすぐ割れてしまう。伸ばすどころか、捏ねることも難しい。そこで、「饸饹床」という型を使って、押し出し蕎麦にしたのであろう。

二八蕎麦とよくいうように、日本の蕎麦には二割前後の小麦粉を入れることが多い。つなぎがあることで十分に伸ばすことができるのである。坂本一敏氏は中国の蕎麦作りの人に、蕎麦に小麦粉を混ぜるのか、と聞いたことがあるそうだ。いずれもまったく入れないと答えたという。実際、食べてみると、日本の蕎麦より硬い。中国では小麦が取れないところで蕎麦を作っていたから、昔からつなぎを用いなかったのであろう。「饸饹床」という道具が発明されたのも、そのためだと考えられる。

『水滸伝』に出てきた「拖蒸河漏子」だが、『金瓶梅』第二回では「拖煎河漏子」になっている。前者は「蒸し」で、後者の「煎」は油で焼く、という意味である。王禎『農書』にしたがえば、麺の形にしていなければ「河漏」とは言わない。『水滸伝』の「拖蒸河漏子」も『金瓶梅』の「拖煎河漏子」も実在する食品ではない可能性が高い。

ただ、蕎麦粉を蒸して作った食品はないわけではない。清代の徐珂の『清稗類鈔』には「蕎麦饅頭」が紹介されている。「河套（黄河流域の、寧夏から陝西周辺の地域）あたりの人は蕎麦を挽《ひ》いて粉にする。蕎麦粉にお湯を注いで、饅頭にする。冷まして食べると腹持ちが非常によい。塞外（長城の外側の地）で肉体労働をする人たちはこれを食べないと、お腹がいっぱいにならない」。日本の蕎麦饅頭は、約四割ほどの小麦粉に六割の蕎麦粉で作られている。『清稗類鈔』の「蕎麦饅頭」に小麦粉を入れるかどうかは記されていない。

中国風のおにぎり

長江下流地域の庶民の食べ物に、「粢飯《チーファン》」というものがある。日本で初めておにぎりを見たとき、反射的に「粢飯」のことを思い出し、興味を引かれた。「粢飯」は「粢飯団《チーファントゥアン》」、「飯団」あるいは「飯団子」とも言うが、上海をはじめ江蘇省南部から浙江省の一部でよく見かける食品の一つである。外見は日本のおにぎりとよく似ているが、おにぎりに比べると一回りも大きく、中に「油条《ユウテイヨウ》」などを入れて食べる。以前は、「餈飯」と表記されており、また、最近一部の屋台では「糍飯」と書かれているのもある。いずれも指すものは変わらない。熱いうちに食べる点以外は、日本のおにぎりとそっくりである。

「粢飯」の作り方は簡単だ。糯米《もちごめ》とうるち米（短粒米）を一定の割合で混ぜ、一晩水につけてから蒸籠《せいろう》で蒸す。本来、糯米だけのほうが美味しいが、うるち米を入れないと、にぎるときに米粒が手にくっつきやすいからだ。

面白いことに、「粢飯」は小さい飲食店でしか食べられない。経済開放が実施されるまえは、

◎中国風おにぎり「粢飯（チーファン）」

「大餅店」に「独占」されていたが、いまはおもに個人経営の屋台で売られている。一般の家庭で「焼餅《シャオピン》」を作らないのは、「焼餅炉」という道具がないからだ。しかし、「粢飯」は自分で作ろうと思えば、誰でも簡単に作れる。だが、なぜか「粢飯」は家では作らないのである。

もう一つの特徴は、朝食のときにしか食べないことだ。仮に昼食や夕食のときに出されても、誰も口にしないであろう。そのことはおそらく食事の観念と関係する。中国では朝食は昼食と夕食と区別されている。昼食と夕食は「正餐《チエンチャン》」といい、正式の食事とされている。標準の「四菜一湯」（料理四品とスープ）とは言わなくても、一品の炒め料理は最低の条件である。朝食は「早点《チヨーテン》」という言葉からもうかがえるように、軽食というイメージがある。むろん浙江省の紹興や寧波などのように、朝食にご飯を食べるところもある。しかし、多くの地域ではお粥かお茶漬けを食べる。北方でも「小米粥」（粟のお粥）を食べる地域が多い。

ところが、お粥やお茶漬けが主食の地域でも、朝食のときにかぎって「粢飯」を食べることがある。一種の約束事のようで、なぜそうなったのかは明らかではない。

「粢飯」を作るのに、いまは大型の電気炊飯器を使うこともあるが、ひと昔前には、鉄の鍋の上に木の桶のような蒸し器を載せて蒸し上げていた。「粢飯」が冷めないように、加熱しながら売っており、店員が客の注文に応じて、「粢飯」を手で取って秤《はかり》に掛ける。一両（五十グラム）いくら、というふうに、重さで値段が決まる。それから丸く握ってから客に手渡す。寿司の場合と違って、蒸したご飯は加熱したままの状態だから、素手で握ると火傷《やけど》しかねない。そのため、店員は水で濡らしたガーゼか、薄い白布を使ってにぎる。木の桶の傍に水を張ったたらいが置かれている。ご飯を取るまえに、まず水で手を冷やしておく。それでも店員の手が真っ赤になるほどである。最近、しゃもじでご飯を取り、ビニールを使って握るのが流行っている。一回ごとにビニールを換える。消費者が、布を繰り返して使うのを嫌っているからだ。

「粢飯」は油条を入れたものと、上白糖を入れたものの二種類ある。油条は折ってご飯の中に入れる。短く切ったりはしない。油条のさくさくとした食感と糯米のもちもち感はマッチしていて美味しい。砂糖を入れる場合は、必ずご飯の中に入れ、外から包むように握る。砂糖を「粢飯」の表面にかけることは決してしない。素手で持って食べるので、表面に砂糖をまぶすと、べたつくからだ。日本ではおにぎりに砂糖を入れるのは、考えられないことであろう。だが、いなり寿司のことを思えば、そう不思議でもない。日本のおにぎりには梅、鮭、かつお節などさまざまな具を入れるが、「粢飯」は油条か砂糖しか入れない。

『現代漢語詞典』の一九九六年七月修訂第三版には、「粢飯」という言葉が収録されているが、十二巻本の『漢語大詞典』（一九九三年初版）には見あたらない。「粢」の発音もそれぞれに違う。『漢語大詞典』では「zī」と「jì」と表記されているのに対し、『現代漢語詞典』では「cí」という発音も記されている。後者のほうが明らかに江南方言の発音だ。実際、この辞書は「粢飯」が方言だとした上、作り方を紹介している。

「粢飯」が一部の地域にしかないのは、手がご飯に直接触れることを忌み嫌う習慣と何らかの関係があるのかもしれない。中国では飯は碗に入れて食べるものだ、という固定観念がある。仮に子供が手でご飯を摑んで食べようものなら、親にこっぴどく叱られる。手でご飯を丸めて食べるのは、物乞いの食べ方で、この上なく不作法だと見られている。

最近、生活水準がずいぶん向上した。以前、庶民は白玉粉でつくった糕や餅などの点心類には手が出なかったが、今はさほど高価なものではなくなった。「粢飯」にとって強豪のライバルが出現した。

「粢飯」の原型について、中村喬氏の『宋代の料理と食品』（中国藝文研究會、二〇〇〇年四月）の第二篇「宋代の食品」「三　糍糕・糕糰・糕糜・蒸糕」のなかで考察が行われている。引用された文献が豊富で、米で作った食品についての論考として、これまでもっとも詳しい。そのなかで中村喬氏は『夢粱録』「葷素従食店」の「蒸糕」こそ、現在の「粢飯」の原型ではないか、としている。

「粢飯」についての文献を読んでいると、一つのことに気づく。方言が多岐にわたり、地域によって表示がかなり違う。そのため、清代以前の文献に出てくる食品を漢字表記にもとづいて推論するのはかなり難しい。

『清稗類鈔』「飲食類・胡金勝朝餐食品」の項目には大食いの少年のことが書かれている。江蘇省丹陽の胡金勝という少年は、もうすぐ成人の年齢に達しようというのに、祖母に甘やかされ、常識がない。そのかわりに大食いをする。朝、目が覚めると、すぐ枕元に置かれた「餅」（小麦粉で作ったパン）を食べる。起床してからお粥をどんぶり一杯食べ、それから「糍糰」四個と油条二本を一気に食べる。前後の文章から見ると、この「糍糰」は「粢飯団」と解するのが妥当であろう。

「糍糰」は「餈糰」ともいうが、清の顧禄『清嘉録』「八月」の「餈糰」という項目に次のように記されている。「（八月）二十四日は、糯米に赤豆を混ぜて炊き、糰子にして竈《かまど》の神を祀る。これを「餈糰」という。民家の少女は、皆この日を択《えら》んで纏足《てんそく》する。糍（餈）糰を食べて纏足すると、足の骨を柔らかくすることができると言われている」（中村喬訳、一部引用者により変更、以下同）。

注目すべきは、「餈糰」の後に引用された蔡雲の詩である。

白露迷迷稲秀匀、　白露迷迷として稲秀《いなほ》は匀《かお》り、糯糰戸戸已嘗新。
可憐繡閣雙丫女、
初試弓鞋不染塵。

糯糰戸戸　已《すで》に新を嘗む。
可憐なる繡閣の雙丫《そうあ》の女《むすめ》、
初めて弓鞋《きゆうあい》を試みて塵に染まらず。

この詩には「餈糰」ではなく、「糯糰」が出てくる。表記は違うものの、実際は同じものであろう。「糍糰」と「餈糰」と「糯糰」は一見違う食品のようだが、『清嘉録』では同じものを指す。もし顧禄がこの詩を引用しなかったら、誰も気づかなかったに違いない。当時、同じ食品でも、地域によって名称が違うケースはほかにもあったはずだ。古い文献に出てくる名称だけをたよりにするのは、どうしても限界がある。

『清嘉録』「餈糰」の中身は赤飯と同じだが、外形は現在の「粢飯」と変わらないであろう。残念ながら、手で持って食べるかどうかは書かれていない。

わたしは子供の頃小豆《あずき》入りの「餈糰」を見たことも、食べたこともない。ましてや「餈糰」と纏足の関係も知らなかった。母は辛亥革命後に生まれ、新制の女学校に通う世代であった。纏足をしていなかったから、八月二十四日の行事も知らなかったのかもしれない。纏足が廃止されると、関連する習俗は江南地域でも急速に衰退したのであろう。

ただ、似た食品はあった。母は年に一回、「餈糰」らしきものを作っていた。糯米を蒸し、いつたん「匾《パン》」（割り竹で編んだ、円形平底の道具）に広げて冷やす。冷めたら、塩と砂糖を入れ、団子状にしてから、軽く押しつぶす。それから、両面にまんべんなくゴマをつける。中華鍋に油を引いて、両面焼きしてから食べる。焼くときにもう少し平たくなるように押しつぶすので、外見は直径五、六センチの「餅」のようになる。しかし、米の粒はつぶれることはない。

食べるときは、必ず箸を使う。手で持ってはいけない。この点では、現在の「粢飯」と大きく異なる。小豆を使う点をのぞけば、『清嘉録』の「餈糰」のほうが「粢飯」に近いであろう。わたしが知っているかぎり、現在、手で持って食べる米の食品は、「粢飯」しかない。

長江下流地域に「糍毛糰」という蒸し菓子がある。まず、白玉粉を練り、小豆餡《あん》を入れて団子にする。まわりに糯米をつけてあるから、見た目はおにぎりと似ている。じつは大福のような菓子で、「餈糰」とは無関係である。ちなみに点心類は基本的に箸を使う。饅頭《マントウ》も手で持って食べるのは、ほんらい不作法である。

手で持って食べる食品として、「粢飯」は漢民族の食文化のなかでも珍しいであろう。ところが、中国の南方ではおにぎりを食べる少数民族は少なくない。とくに、貴州省の侗《トン》族は日本と同じように、日常的によく「おにぎり」を食べている。侗族はさまざまな種類の糯米を栽培するが、蒸して食べるのが習わしである。おにぎりは儀礼食としても使われている。新婚の夫婦は結婚した三日後に実家に戻るが、そのとき、集まってくる近隣の子供たちにおにぎり一つと、「酸肉」

と呼ばれる肉の塩漬けを配るのが習わしである(『中華民族飲食風俗大観』世界知識出版社、一九九二年四月、以下同)。

死の儀礼にも、おにぎりが用いられている。侗族の村では死者を埋葬する前に、おにぎりを握らせる風習もある。この習俗はほかの少数民族でも見られる。雲南省昆明市郊外に居住する彝《イ》族は、年配の方が亡くなると、両手におにぎりを握らせる習慣がある。

哈尼《ハニ》族は逆に出生儀礼でおにぎりが登場する。赤ちゃんが生まれた三日目に、糯米を蒸し、拳の大きさのおにぎりにする。「小鼠豆」という豆を煮てから搗《つ》き、おにぎりにつける。村人が夕マゴを持って祝いに来ると、おにぎりを一個ずつ配る。

ご飯を丸めて食べる方法は似ていても、それぞれの民族文化のなかで、違った意味が与えられ、食べ方もそれぞれに違う。

経済開放政策が実施されてから、若年層の「粢飯」離れは加速した。屋台を経営しているのは、地方からの出稼ぎの人たちで、衛生管理が必ずしも行き届いていない。もともと「粢飯」のような地味な食品は子供たちにとってあまり魅力はない。それに親が一人っ子の健康を心配して、なかなか食べさせようとしない。そうした要素が重なって、「粢飯」はますます不人気になった。

数年前に上海に行ったとき、「粢飯」を売っている屋台を見て回った。その凋落ぶりを見て、いずれこの食品が姿を消してしまうのではないかと思ってしまった。

ところが、最近、思わぬ「救世主」があらわれた。上海に出店した日系のコンビニは中国人の消費者が好むおにぎりを開発したのだ。名付けて「飯団」という。

ただ、おにぎりとは言っても、日本のおにぎりとは見た目がかなり違う。まず、形は長方形で、日本のおにぎりに比べて倍ほど大きい。

中味も一風変わっている。牛肉や鶏肉などが調理して入れられている。味は中国人の好みに合わせて作られているから、地元では評判が上々である。とりわけ、新しいもの好きの若年層のあいだには人気が高い。彼らの両親は朝食を作る時間がないが、外食だと衛生上に不安がある。それに甘いものが多いから、健康にもよくない。具入りの「飯団」はご飯と料理を一つにしたもので、一つ食べるだけでちゃんとした食事をした、という満足感が得られる。

日系のコンビニで売っている「飯団」は平均的な朝食よりやや値段が高いが、美味しく作られている上、衛生管理も行き届いている。一人っ子を持つ親にとって、少々値段が高くても、安心して子供に食べさせることができるし、手間を省くこともできる。

「飯団」ブームがいつまで続くのか、また、今後どのように変わるかは予測するのが難しい。新しいライフスタイルのもとで、中国風のおにぎりが意外なところで生き残りの道を見いだすのかもしれない。

「油条」の歴史を追って

二〇〇五年十月十三日、アメリカのスノー財務長官は成都市郊外の木蘭鎮で「農貿市場」（自由市場という意味）を見学したとき、屋台で「油条《ユウテイヨウ》」を食べた。この意外なハプニングは中国でちょっとした話題となった。外国の政府高官がこの庶民的な食べ物を口にしたのはおそらく史上初であろう。

「油条」は不思議な食品だ。簡単に作れそうで作れない。わたしはこれまで何度も挑戦してみたが、ことごとく失敗した。レシピは知っている。しかし、なぜか自分で作ると、どうしても巧くいかない。中まで油が通らず、白い芯が残ってしまうか、味が微妙に違ってしまう。「油条」の独特の香りもない。

庶民的な食べ物として、「油条」の人気は高い。市場経済が実施され、生活様式が変わっても、その点は変わらない。揚げたての「油条」はさくさくしていて、香ばしい。揚げ物のわりには、ソフトな食感がある。どんなに高級料理を食べても、「油条」の味は忘れられない。しかも、値段は安い。八〇年代の後半まで、ずっと一本「四分」（一分は一元の百分の一）の価格を維持していた。「焼餅」に挟んで食べてもよし、「桼飯《チーファン》」に入れてもよし。とくに相性がよいのは豆乳。牛乳を飲みながら、「焼餅」や「油条」を食べると、どちらもまずくなるが、豆乳だと不思議にマッチする。

早朝の屋台で、左手に「油条」を挟んだ「焼餅」を持ち、右手に散りれんげで「鹹豆漿《シエントウチヤン》」（豆乳に桜エビ、ザーサイと万能ネギの細切り、醤油、ラー油を入れた飲み物）を口に運ぶ姿は、上海の下町の風物詩であった。いや、一九八〇年代まで中国の各地で見られた風景であろう。簡素な食事だが、食べているとなぜか幸福感がわいてくる。「油条」の香りと「焼餅」の香ばしさ、ほどよく焼けた葱の匂いが互いに引き立て合って、ぱりっと焼けた「焼餅」の外側とふんわりとした内側、それに「油条」の独特の食感が、微妙な時間差をおいて口の中で広がってくる。濃厚で、辛みの効いた「鹹豆漿」は小麦粉食品の味をいっそう引き立てる。繊細な宮廷料理とは違って、庶民らしい豪放な美味しさである。わずか「一毛」（一元の十分の一）で、美味しくて栄養たっぷりの朝食を堪能できるのが魅力だ。庶民にとって、これより心強い味方はないだろう。

「油条」は点心だが、立派な「おかず」にもなる。朝食が粥のとき、よく「油条」を二、三センチの長さに切り、皿に載せ、醤油をつけて食べる。「油条」のほか、漬け物、腐乳、落花生の油揚げなど三、四皿が一緒に食卓に並べられることもある。やや裕福な家庭では、肉鬆《ローソン》（豚肉のでんぶ）やピータンなどと一緒に出したりする。

「粢飯」は朝しか売っていないが、「油条」は「焼餅」と同じように、午後の三時頃から夕方までの時間帯でも売られている。香港や台湾では終日供する店もある。上海の「永和豆漿店」でもそのスタイルが取り入れられている。

「油条」は別名「油炸鬼《ユーチヤークイー》」または「油灼鬼《ユーチヤークイー》」という。この食品をめぐって、有名な伝説がある。明の紹興年間に宰相になった秦檜《しんかい》は金に屈服し、岳飛をはじめ、忠臣良将を多く殺した。庶民たちが秦檜の悪行を憎み、この食品を作った、と伝えられている。「鬼《クイー》」は「檜《クイー》」と発音が似ているから、「油炸檜」と同じ発音の「油炸鬼」という名前が付けられた、と伝えられている。最初は秦檜夫婦が背を向き合って縛られた形であったが、後に簡略化されていまのような二本の棒が合わさった形になったという。

この伝説は地方によって、さまざまなバージョンがあるが、大筋においてそれほど変わらない。いずれも秦檜を呪うために作り出された、というものである。ところが、文献を調べると、元、明の史料には南宋起源説の根拠は見あたらない。ちなみに最近、秦檜の手紙が発見され、秦檜が岳飛の殺害を企てたのではなく、むしろ岳飛をかばっていた、という説が発表されている。もしかすると、これまでの秦檜の歴史的評価は間違っていたのかもしれない。

それはともかくとして、『清稗類鈔《しんはいるいしよう》』の「油灼檜」項目にこのような説明がある。

長さ約一尺、小麦粉（の生地）を薄く延ばし、縄のように二本を一つにする。油で揚げると、最初は人間の形に見える。上に二本の手があり、下は二本の足がある。×の形と似ている。宋の人たちが秦檜が国に禍《わざわい》をもたらすのを憎み、その形にして懲罰を加えたものだ。

そのなかの「×の形と似ている」という記述には疑問が残るが、ここでも南宋起源説が唱えられている。

同じく『清稗類鈔』「飲食類・胡金勝朝餐食品」には江南地方の大食いの少年のことが書かれているが、そのなかにも「油灼檜」を一度に二本食べるということが記されている。清末には「油条」が北方にも南方にもあったことがわかる。

「油条」を作るには、ミョウバンを入れないといけない。それを記した史料として、薛宝辰《せつほうしん》『素食説略』はもっとも古いらしい。今のところ、それより古い史料はまだ見つかっていない。

薛宝辰『素食説略』の「餅」という項目には、小麦粉の食品の作り方が詳しく紹介されている。油揚げの方法は五種類挙げられているが、そのうち「ソーダ、ミョウバンを入れて発酵した麵を長くのばして油で揚げたものは『油果』という」とある。

ミョウバンの入れ方は思ったより遥かに難しい。わたしが知っているかぎり、その秘密を明かしたのは、中国人民解放軍空軍後勤部軍需部編『美味面点４００種』（金盾出版社）だけである。空軍が料理の本を出すのも興味深いが、驚くべきはその販売部数だ。初版は一九八九年六月に刊行されたが、七年のあいだに十四刷りし、一九九六年四月までに販売部数は五十五万冊に達した。その後もなおも増刷を続けている。

ベストセラーになるには理由があった。四百種類にのぼる点心について、その作り方が詳細に紹介されている。ほとんどが「企業秘密」で、今なら絶対に披露しないであろう。ちなみに軍隊の朝食には「油条」が必ず出るという。

驚いたことに、「油条」の生地に入れるミョウバン、ソーダと塩の量は季節によって違う。小麦粉五キロの場合、春と秋はミョウバン百五十グラム、ソーダ百グラム、塩八十グラム、摂氏三十度のお湯三キロを使う。それに対し、夏はミョウバン百六十グラム、ソーダ百十グラム、塩百グラム、常温の水三キロ。冬はミョウバン百四十グラム、ソーダ九十グラム、塩七十グラム、摂氏四十五度のお湯三・二五キロ、となっている。このレシピを見て、目から鱗が落ちた。気温によって、ミョウバン、ソーダと塩の量を加減し、水の温度を変える必要があるとは知らなかった。自分はなぜ失敗したのか、その理由がよくわかるようになった。

あるエピソードを思い出した。わたしの姉は子供の頃「油条」が大好きであった。しかし、いくら大衆的な食品とはいえ、子供の多い家庭では二人で一本を分けるのが普通である。たまに丸ごと一本食べると、子供たちは狂喜乱舞した。いつか「油条」を思う存分に食べたい、それが姉の子供の頃からの夢であった。就職して最初の給料をもらった日に、まずこの夢を叶えようとした。ところが、四本目を食べかけた途端、気分が悪くなった。その日から姉は二度と「油条」を口にしたことはない。当時は理由がわからなかったが、いま考えると、ミョウバンの摂取量の限度を超えたのかもしれない。

「油条」の名称について、薛宝辰『素食説略』には「陝西では『油炸鬼』と呼ばれ、北京では『炙鬼』と呼ばれている」とある。

薛宝辰は清代の人で、一八五〇年に生まれ、一九二六年に亡くなっている。陝西省長安県の生まれだが、長年、北京に住んでいた。『素食説略』の「例言」によると、この本に記されている調理法は北京か陝西のものばかりだという。「油炸鬼」という名称が清末にすでにあったのは面白い。また「油果」という別名があるのも注目に値する。

この食品は地域によって、呼び名が違う。『閩雑記』によると、福建省では「油粿」が一般的だが、福州と興化ではそれぞれ「油灼粿」「灼粿」という。天津では「果子」あるいは「炸果子」と呼ばれているが、以前は、「棒槌果子」の名称で知られ、略して「果子」ともいう。このように地域によって、さまざまな別称がある。

わたしがこの食品に興味を引かれたのは、いつ発明されたかが気になるからだ。遠く漢、唐は言うに及ばず、前述のように南宋にあったという説には証拠はない。実際、『夢粱録』にも『武林旧事』にもそれらしいものはない。

「油条」を見ると、よく蘇東坡の詩が思い出される。

纖手搓来玉数尋、
碧油軽蘸嫩黄深。
夜来春睡濃於酒、
圧褊佳人纏臂金。

纖手《せんしゅ》搓《さ》来《らい》す玉数尋《ぎょくすうじん》、
碧油《へきゆ》軽蘸嫩黄深《けいさんどんこうふか》し。
夜来《やらい》春 睡《しゅんすい》酒よりも濃《こまや》かに、
圧褊佳《あっへんか》人臂《じんひじ》に纏うの金。

しかし、この詩は「寒具」という題である。「寒具」とは現在の「馓子」で、小麦粉を細く捏《こ》ねて、油で揚げた食品である。名称は違うが、『斉民要術《せいみんようじゅつ》』にもその原型が記されている。遅くとも六朝のときには「馓子」がすでにあったであろう。最初は甘い菓子であったが、後に塩味のものも登場した。現在、塩味が主流である。各地にさまざまなバリエーションがあり、また、名称もそれぞれに違う。興味深いことに、「馓子」は回族の食文化のなかで重要な位置を占めている。ただ、「馓子」が硬く油揚げをしたのに対し、「油条」は天ぷらのように、やや柔らかめに仕上げられている。

「油条」の起源をたどっていくと、追跡の糸が清代でぽつりと途切れてしまう。明代の小説『金瓶梅』には食品名がふんだんに出てくるが、「油条」も「油灼檜」も「油炸鬼」「果子」も見あたらない。『水滸伝』にも『三国志演義』にも出てこない。

清の中期にもまだそれらしい記録はない。『紅楼夢』は貴族の生活を描いたから、庶民の食べ物が出なくてもわかるが、不思議なのは『随園食単』にもないことだ。袁枚《えんばい》のような食通なら、「油条」を見逃すはずはない。一七一六年に銭塘（浙江省杭州）に生まれ、広東に任官したことのある袁枚は一七九七年に亡くなった。十八世紀には「油条」がまだなかったか、あるいはまだ全国的に普及していなかった可能性が高い。

『老残遊記』第六回に、山東省曹州府（現在、荷沢市）を旅行する場面が出てくる。曹州府に着いた翌朝、宿屋を出てみると、空がどんよりと曇っている。北西の風がそれほど強くないが、棉袍（綿入れのチャイナ服）のすそが風で舞い上がった。顔を洗ってから、「油条」を買って朝食にし、ふらりと街へ出て散歩した、とあった。

また、第二回には、老残が「梨花大鼓」という民間芸能を見に行くと、劇場では頭の上にかごを載せて「焼餅と油条」を売る物売りが十数人もいた、ということが描かれている。いまと同じように庶民的な食べ物であろう。

この長編小説は劉鶚《りゅうがく》（一八五七〜一九〇九）の作品だが、右の場面から二つのことが読み取れる。

清末にはどんなに辺鄙な町にも「油条」があり、また、現代と同じように「油条」が朝食時の食べ物であった。老残が「油条」だけで朝食を済ませたのも興味深い。現代は豆乳などほかの食品と一緒に食べるであろう。

『清稗類鈔』「賒早点」(朝の点心をツケで買う)には、丁脩甫の詩が引用されており、冒頭の二行は「環様油条盤様餅、日送清晨不嫌冷」とある。二行目の「毎日早朝、寒さに負けずに届けてくる」という意味はわかるが、一行目の「環のような油条」がどのような食品であるかは定かではない。字面どおりに理解すると、丸い形であろう。そんな形の「油条」をわたしは見たことはない。名称が「油条」でも、指すものが違うのかもしれない。

「油条」に関する史料は、もっとも古くてもまだ十九世紀のものしか見つかっていない。起源を突き止めるにはまだ長い歳月がかかるかもしれないが、現時点では、十九世紀半ば以降に発明された、と考えるのが妥当であろう。

食卓をにぎわす魚たち

一　魚の文化的な意味

まず、一枚の絵を見ていただきたい（図①）。「鯉魚図」という絵で、中国に旅行に行ったことのある方は、似たような図柄を見たことがあるかもしれない。実際、掛け軸だけでなく、民間の版画（図②）、工芸品（図③）、焼き物、ペンダント、飾り物（図④）から、シーツやラジオ（図⑤）などの日常品にいたるまで、魚か金魚が描かれている。なぜ、中国人はそんなに魚が好きなのだろうか。

中国語で「鱼」の発音は「余る」の「余」と同じだ。「年年有鱼」（毎年、魚がある）という言葉は「年年有余」（毎年お金が有り余るほどある）の掛詞《かけことば》になっている。実際、民間の新年祝いの版画にはその言葉が書かれているものもある（図⑥）。

最近、テレホンカードや、レストランの看板にも見られるようになった。このように、魚料理はたんに料理ではなく、一種の縁起物でもある。とりわけ、新年になると、魚料理は食卓に欠か

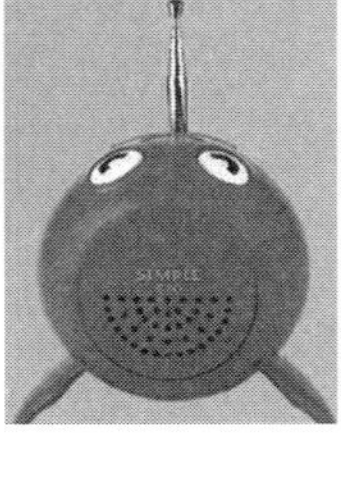

③ ①
④ ②
⑥ ⑤

せない。甘酢あんかけの鯉料理は、日本ではごく普通の料理なのかもしれないが、中国では正月料理として特別な意味が込められている。

大晦日の「年夜飯」は一年のなかで、もっとも大事な儀礼の一つである。一家団欒《だんらん》し、同じテーブルを囲むのは、食事というよりほとんど定例行事のようなものである。その日に限ってどんなに貧しい家庭でも、無理して豪勢な料理を出そうとする。地域によって、また家庭によっては必ずしも同じではないが、魚料理が一品あるのは普通である。それも切り身ではなく、尾頭《おかしら》付きでなければならない。「有頭有尾」すなわち「(物事が)首尾よく(進む)」とかけているからだ。どんなに貧乏でも、魚料理だけは何とかして用意しなければならない。魚料理がないと、正月にならない。

張芸謀《チャンイーモウ》監督の『古井戸』には、一風変わった「料理」が出てくる。一見、普通の甘酢あんかけの魚料理だが、肝心の魚は木で作られている。黄土高原では水不足で魚が生息しなくなり、魚料理をつくろうとしても、魚は手に入らない。それでも、人々は何とかして縁起のいい魚料理をテーブルに並べたい。そこで、弥縫策《びほうさく》として、木で作った魚を食卓に出すことが考え出された。木の魚の甘酢あんかけに箸をつければ、「魚」を食べたことになる。魚の捕れない地域では、いまも同じ風習が伝わっている。

縁起物として魚料理を食べるときには、エチケットが要る。食卓を囲んだ人は全員、必ずこの料理にお箸をつけなければならない。しかし、魚を全部食べてはいけない。必ず「余る」ように、残さないといけない。翌日、ひっくり返せば、食べたところは見えないから、食卓に出しても残飯という感じはしない。最近、魚を盛るお皿に「年年有魚」と書いたものも登場した（図⑦）。

二　古代中国の魚料理

中国料理といえば、肉料理が多いというイメージがあるのかもしれない。じつは中国では古代から魚がよく食べられていた。古代の美術品や、日常の調度品には魚の図柄が入ったものが少なくない。たとえば「青花《せいか》釉裏《ゆうり》紅魚盤《こうぎょばん》（清・景徳鎮）」（図⑧）には大きな魚が描かれており、唐代の「銀鍍金《ぎんめっき》鏨花《ぜんか》魚紋盤《ぎょもんばん》（唐・内蒙古喀喇沁旗出土）」（図⑨）にも同じ図柄が見られる。

新石器時代の仰韶文化（前四〇〇〇～三五〇〇年頃）の土器には、魚の紋様がよく描かれている。「彩陶鳥魚石斧紋深鉢《さいとうちょうぎょせきふもんふかはち》」（図⑩）は一九八〇年に、河南省臨汝県閻村に出土したものだが、あの時代では魚がもっとも多く描かれている動物だという。たとえば、一九七八年に甘粛省秦安県大地湾に出土した彩陶鉢（図⑪）の紋様は魚から変化したものだと言われている。

『詩経』にも魚が頻繁に出てくる。

魚　罶《りゅう》に麗《かか》り、鱨鯊《じょうさ》

⑩	⑦
⑪	⑧
⑫	⑨
⑬	

君子　酒あり、旨くして且つ多し
魚　罶《りゅう》に麗《かか》り、魴鱧《ほうれい》
君子　酒あり、旨くして且つ多し
魚　罶《りゅう》に麗《かか》り、鰋鯉《えんり》
君子　酒あり、旨くして且つ多し

「小雅・魚麗」という詩の一部だが、「魚がやなにかかって、シャジやハゼがとれる。それを肴にして酒を飲む。主君が酒席を設けて、賓客をもてなす。酒は旨く、魚の料理もまた多い」という意味である。短い詩句のなかに、六種類もの魚の名前が出てくる。面白いことに、その中に今でもよく食べる魚がいる。

「鱨」はシャジのことで、現代中国語では「黄顙魚」と言う（図⑫）。体長は十センチあまり、河や湖の底に生息しており、中国の各地に産出している。小ぶりな魚なので、レストランのメニューにはほとんど出ない。しかし、家庭ではよく醤油煮にしたり、蒸したりして食べている。

「鯊」はハゼで、現代中国語で「吹沙魚」と言う（図⑬）。この魚を用いた料理として、「醋溜沙魚」（ハゼの酢入りあんかけ）が挙げられる。漁獲量が減ったためか、それとも海の魚が主流になったためか、最近、都市部ではあまり多く見なくなった。

「魴」はオシキウオという魚で、現代中国語で「鯿魚」と言う。今でも美味しい魚として珍重されている。「清蒸鯿魚」（オシキウオの蒸し物、図⑭）は準高級料理の一つで、広く好まれている。オシキウオの醤油煮も非常に美味しい。

「鱧」はヤツメウナギ。現代中国語では「烏鱧」か「黒魚」と言う。滋養強壮の効果があると言われ、広く好まれている。サラダ油で軽く焼いてから、水を入れて煮込むと、牛乳のような真っ白なスープになる。産後に飲むと、母乳の出がよくなるそうだ。ちなみに、この魚はほかの魚を食べるので、アメリカでは有害な外来種に指定されている。

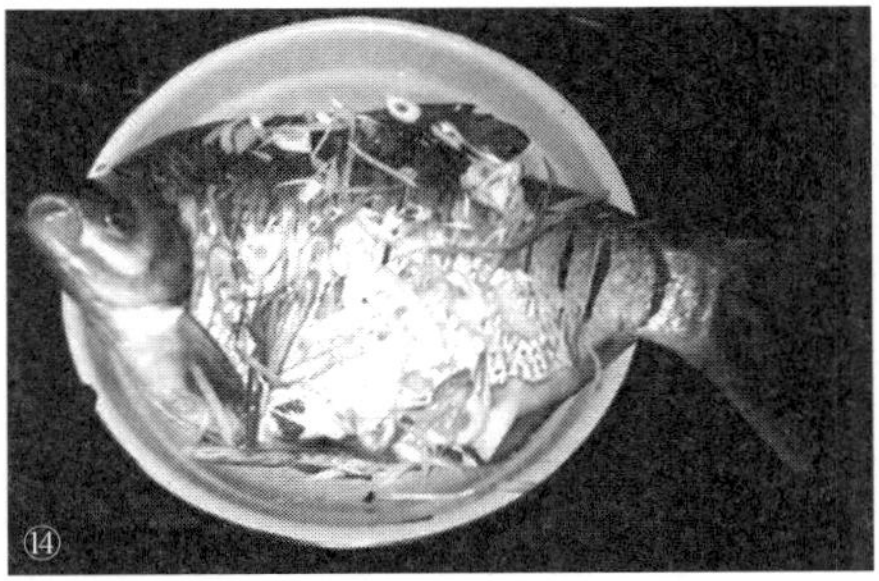

「鰋」はナマズ。現代中国語で「鮎魚」と言うが、むろん日本の「鮎」とまったく違う。都市部ではあまり見あたらないが、ナマズの醤油煮は地方の料理店で食べられる。

「鯉」はもっともポピュラーな魚の一つ。地域にかかわらず広く食用にされている。また、絵に描かれたり、飾り物として造形されたりすることもある。料理としては、「糖醋鯉魚《タンツウリーユイ》」（コイの甘酢あんかけ）は代表的である。

中国は沿海部と内陸部とで地理条件が違う。古代の黄土高原は緑に覆われ、川が流れていた。土地が豊かで、淡水魚がたくさんいた。

ところが、過剰な森林伐採によって、黄土高原では森がなくなり、やがて草一本生えなくなった。魚もしだいに捕れなくなり、ついに食卓から完全に姿を消してしまった。

『詩経』「陳風・衡門」に、

豈其食魚、必河之魴　豈其《あにそ》れ魚《うお》を食《くら》ふ、必ず河《か》の魴《ほう》ならんや
豈其食魚、必河之鯉　豈其《あにそ》れ魚《うお》を食《くら》ふ、必ず河《か》の鯉《り》ならんや

という詩句がある。「魚を食べるならば、黄河のオシキウオに限る」「魚を食べるならば、黄河のコイにかぎる」という意味である。

ところが、今は黄河の状況が大きく変わった。わたしは八〇年代に初めて黄河を見に行ったが、その頃、黄河中流地域では渇水期になると、流れが止まることもあった。河の浅いところは歩いても向こう岸まで渡れる。もはや昔の「大河」の風貌はまったくない。コイは地域によって、あるいは季節によって、まだ捕れるかもしれない。しかし、オシキウオはほとんどいなくなったと言われている。今のオシキウオはおもに長江より南のほうに生息している。それも産業の発展で川が汚染され、最近、急激に減少している。

三　魚食文化の変遷

中国は南方と北方、沿海部と内陸部とでは、魚食の中味が違う。また、時代によって、食べる魚の種類も同じではない。ただ、全体的に見て、海水魚よりも淡水魚のほうが好まれているという傾向がある。

現代中国には「四大川魚」と呼ばれる魚がある。コイ（鯉魚）、フナ（鯽魚）、セイギョ（青魚）とソウギョ（草魚）である。そのほか、主な淡水魚はハクレン（鰱魚）とオシキウオ（編魚）などがある。一方、高級な魚といえば、ほとんどの場合、「鰣魚」「鱖魚」「鱸魚」などの淡水魚を指している。海水魚はかつてイシモチ、タチウオとマナカツオが市場供給の九割以上を占めていた。最近は少なくなり、そのかわり、ほかの種類の海水魚が多くなった。

「四大川魚」のなかで、フナはもっとも珍重され、値段もそれなりに高い。ただ、庶民にとって手が出ないほど高価ではない。つづいて「青魚」「草魚」「鰱魚」の順になっている。経済開放が実施される前、「青魚」と「草魚」は元旦、春節や国慶節のときに食べるもので、ふだんは「鰱魚」を比較的によく食べていた。フナ料理はおもに二種類ある。サラダ油で両面を焼いてから醤油煮にしたものと、油で焼いたフナを多めの水に入れ、スープにしたものである。後者は牛乳のような白いスープが特徴で、ヤツメウナギのスープと同じように、産婦が飲むと母乳が出やすいと言われている。

「青魚」と「草魚」は大ぶりの魚で、姿煮には向いていない。普通、頭と尾と胴の部分は分けて調理する。「炒魚片」（魚の肉の薄切り炒め）や「炒魚块」（魚の肉のぶつ切り炒め）には胴の部分が使われているが、ヒレがついた腹などの部分は、名料理の「红烧划水」の材料である。家庭では輪切りにしてから、醤油煮にしたり、「熏魚」にしたりしする。「熏魚」とはいっても本当の燻製ではない。油で揚げ、タレをつけて仕上げたものである。前菜の「拼盆」の一種類として、お正月などの祝祭日の食卓によく出されている。セイギョは大きいものだと一メートル以上もある。ただ、巨大なセイギョはあまり美味しくないという。

「鲢魚」は「青魚」「草魚」に比べて、風味はやや落ちるが、「鲢魚」の頭を使って作った「魚頭湯」という料理は広く好まれている。毛沢東はこの料理が大好きで、とくに晩年にはよく食べていたという。

高級な淡水魚の中で、もっとも珍しいのは「鲥魚」、つまりヒラコノシロ（図⑮）である。調理法はきわめて簡単で、ただ蒸すだけで非常に美味しくなる。ヒラコノシロは季節物で、五月から六月頃にしか入手できない。それも、わずか一、二週間で市場から姿が消えてしまう。値段が高いだけではなく、供給そのものが不足がちだ。わたしはこれまで一度しか口にしたことはない。

ヒラコノシロについては、宋の呉自牧が『夢粱録』のなかで次のように書いたことがある。「六和塔あたりの銭塘江に産するものは、たいそう脂がのっていて（美味しい）、江北のそれは味がやや劣る」。宋のときに、ヒラコノシロが美味しい魚として珍重されていたことがわかる。

ヒラコノシロに比べて、「鱖魚」（図⑯）はいまやほとんど一年中食べられるようになった。この魚は別名「石桂魚」、俗に「桂魚」「桂花魚」ともいう。「鱖」の発音は「桂」と同じだが、書き方が難しい。それで「桂」という字が当てられたのであろう。この魚は肉が締まっていて、口当たりがまろやかである。唐の張志和の「西塞山《せいさいざん》の前に白鷺《はくろ》が飛び、桃花流水に鱖魚が肥《こ》ゆる」という詩句にあるように、本来、この魚は桃の花が咲く頃が旬である。いまは養殖されているので、季節に関係なく口にすることができる。

⑮

⑯

「鱖魚」を使った料理は、おもに二つある。油揚げしてから、甘酢あんかけにしたものと、蒸したものである。前者はレストランで「松鼠鱖魚」（ケツ魚の甘酢あんかけ）という名前で知られ、つねに高い人気がある。作り方は「松鼠黄魚」と似ている。まず、片肉が切れないように、斜めの切り込みを入れる。片栗粉をまぶしてから油で揚げる。きつね色になったら、皿に載せる。タケノコ、キノコ、エンドウなどをさいころ切りにし、炒めてから水を入れ、最後にとろみをつける。それを揚げた魚に掛ければ出来上がり。

「鱸魚」（図⑰）も「鱖魚」に劣らぬ人気がある。「鱸魚」はよくスズキと訳されるが、正しくはドンコである。この魚は非常に美味しくて、上海郊外の松江の「鱸魚」がとりわけ美味だと言われている。

ドンコ料理をめぐって『晋書』には有名なエピソードが記されている。

張翰は斉王に仕えていたが、洛陽にいたある日、秋風が吹いたのを見て、急に「菰菜」（マコモの芽）、「蓴羹」（ジュンサイのスープ）と「鱸魚膾」（ドンコのなます）が懐かしくなった。「人生は悠々自適に生きることが大事で、地位や名誉のために千里も離れた土地に赴任すべきでない」と言って、あっさり引退した。後に、「鱸魚膾」は望郷の念の隠喩となった。

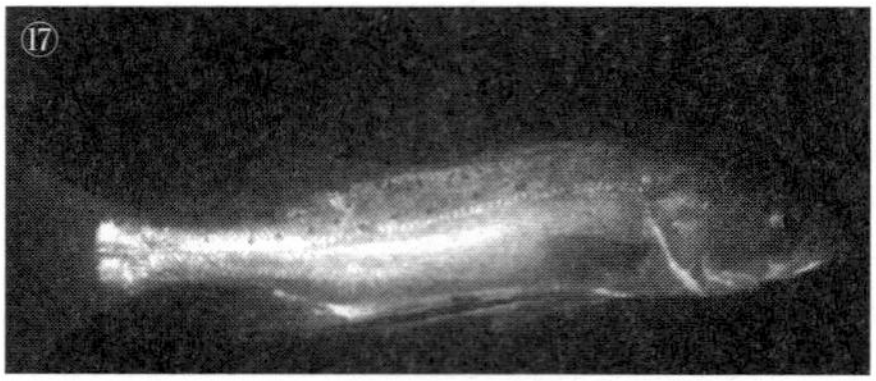
⑰

ドンコのなます（鱸魚膾）は三国志時代の逸話にもよく出てくる。曹操はある日宴会を催し、席上、「今日は多少珍味を用意したが、残念ながらドンコのなますはない」と挨拶した。すると、客のなかの左慈という人は、水を入れた銅の皿を用意してもらい、釣り糸を垂れた。しばらくすると、一匹のドンコが釣れた。曹操は大喜びで拍手したが、出席者は一様に驚いてしまった。
これは『捜神記』にある伝説だが、当時、ドンコのなますが高級料理とされていたことがわかる。唐になっても、ドンコのなますの人気は衰えない。李白や王維の詩にも「鱸魚膾」のことが描かれている。しかし、時代が下ると、いつの間にかドンコのなますという料理は姿を消した。今は大陸だけでなく、台湾にも、香港にもない。現代のドンコ料理はすべて加熱したものである。市場経済が実施されてから、中国大陸で魚の供給が大きく改善され、一九八〇年代前半になると、ほとんどの魚が自由市場で簡単に手に入るようになった。ただ、「鰣魚」「鱖魚」「鱸魚」はまだ非常に珍しかった。一九九〇年代の中頃になると、「鱖魚」と「鱸魚」は普通のレストランでも見られるようになった。いまも珍しいのは、「鰣魚」だけである。わずか二十年のあいだにこれほど大きな変化が起きたのは、驚くべきことである。

四　海水魚の食用と魚食文化の変化

中国では海水魚は淡水魚よりランクが低く、値段も安い。季節によってはイシモチ、タチウオやマナカツオが溢れるように出荷されることもある。いずれも「紅焼」（醤油煮）と「清蒸」（姿蒸し）の二種類の調理法がよく用いられているが、イシモチとタチウオの塩漬けも日常的な料理の一つである。

一九五九年から始まる、いわゆる三年自然災害は中国の食文化に大きな打撃を与えた。さらに文化大革命はそれに追い打ちをかけた。一九七〇年頃になると、「青魚」と「草魚」は配給食品になり、「魚票」（魚を買うチケット）があっても、年に二、三回しか手に入らなくなった。

イシモチは現代漁業が成立してから食用にされるようになったと思われているが、じつは案外、食用の歴史は長い。

王羲之《おうぎし》は「蘄茶帖」の中で「この魚は首に石がある。それはつまり野鴨の化したものだ」と書いたことがある。王羲之（三〇三～三七九？）は東晋の人だから、魏晋六朝のときに、イシモチはすでに知られていたことがわかる。イシモチが鴨が化けた魚という説は、荒唐無稽のようだが、宋代の地理誌などを読むと、イシモチの頭に石があることが不思議に思われていたらしく、この魚が秋になると、海鳥になるという説は広く信じられていた。

イシモチの食用についての記録は『初学記《しょがくき》』にさかのぼる。この本によると、イシモチとジュンサイで作った羹は「金羹玉飯《きんこうぎょくはん》」と呼ばれているという。名称からして、珍重された料理であろう。『初学記』は唐の徐堅らが玄宗（七一二～七五六年在位）の勅命によって編纂した書物だから、今から千二百年以上も前に、中国ではすでにイシモチを食べていたのであろう。ただ、イシモチは海の魚だから、当時はもっぱら沿海部で食べられていたようだ。たとえば、唐詩にはこの魚の名前はほとんど見あたらない。冷凍輸送技術がまだなかった時代に、海水魚を内陸部まで運んでいくのは不可能であろう。

南宋は北方の金に敗れたため、都を杭州に移した。政治の中心が今の江蘇省や浙江省あたりに変わるにつれ、文献にはイシモチの記録が多く見られるようになった。明、とくに清になると、イシモチがたくさん捕れる様子が各種の歳時記に詳しく描かれている。たとえば、『呉郡歳華紀麗』によると、海でとれた魚の中で、もっとも多いのがイシモチだという。

一九五〇年代、イシモチはまだ庶民的な魚で、値段もかなり安かった。六〇年代の初めに供給がめっきり減り、七〇年代前半になっても、なお配給品であった。その頃「松鼠黄魚」（イシモチの甘酢あんかけ）は正月料理として定着し、また、「糖醋黄魚」（甘酢の醬油煮）も好まれていた。いずれも大ぶりのイシモチが材料であった。春節の食卓に欠かせないものだから、供給がいつも不足気味である。「鱼票」があっても、夜が明けないうちに行列しないと、なかなか手に入らない。

タチウオの供給量はやや多いが、七〇年代の中頃になると、同じく配給品になった。かわりにカワハギが出回るようになったが、なぜか市民のあいだでカワハギの評判はかなり悪い。

イカは旬のときに、大量に出回るので、庶民にとって安い食材であった。細切りにして炒めるのが普通だが、ブタの角煮に入れて調理することもある。

するめ（鱿鱼）はイカとまったく別のものとして扱われており、干物をもどした「鱿鱼」は、江南地域の正月料理の一つである。

海水魚の中で、マナカツオも人気の魚である。醬油煮が一般的な調理法だが、蒸し物や切り身にして炒めることもある。十五年ほど前に、中国では海鮮ブームが起こり、レストランには生け簀が置かれるようになった。客は生きた魚介類を選び、厨房は客の指定した方法で調理する。このスタイルは最初、広州や上海などで始まったが、現在、各地に広がっている。

食べる魚の種類も大きく変わった。とりわけ、ロブスターがレストランで食べられることは特筆すべきことであろう。わたしが子供の頃は、見たことも聞いたこともなかった。ロブスターはオーストラリアなど、海外からの輸入に頼っているため、いまはまだ高価である。ただ、ひと昔まえほど珍しいものではなくなっている。

「石斑魚」の登場も大きな変化の一つであろう。「石斑魚」はスズキ目ハタ科の魚で、関西や四国あたりではクエ（九絵）と呼ばれている。関東ではあまり見ない。稚魚の人工繁殖はまだ成功していないため、一キロあたり約百五十元ほどもする。庶民の食べ物とは言えないが、中国では広く好まれている。いまこそ「清蒸石斑魚」（クエの蒸しもの）がレストランの定番料理になったが、一九八〇年代までの上海では誰もその魚を知らなかった。

対照的なのはイシモチである。大ぶりのイシモチはかつて一キロ百五十元だったが、稚魚の人工繁殖が成功したため、一気に一キロ三十元に下がった。安いときには、卸売り価格はわずか十元である。

中国ではいま「三文魚」も大人気である。「三文魚」とはサーモンのことで、以前、遠洋漁業が発達していなかったため、市場にはまったくなかった。経済が発展するにつれ、レストランで食べられるようになった。西洋料理ふうに調理したもののほか、中国料理風に作られたものもある。

刺身が中国人の食生活に入ったことも注目すべき変化であろう。この料理がはじめて中国に入ったとき、一般の人たちのあいだで大きな抵抗があった。しかし、いつの間にか受け入れられ、いまや若年層を中心に広く好まれている。刺身と同じように、寿司も高級料理として若者のあいだで人気が高い。

中国の魚食がこれからどのように変わっていくのか、魚好きの一人として興味深く見守りたい。

あとがき

本書はここ十五、六年来の食についての随筆を収めたものである。日本と中国の食文化を中心に、東アジアの食物や儀礼食や食習慣など、幅広いことに話題が及んだ。ただ、研究論文とは違い、本書はあくまでも随筆である。これまで知られていないことについて、正確な情報を提供するのも目的の一つだが、それだけにはとどまらない。文章がわかりやすく、誰が読んでも面白いことも心がけている。

わたしは食文化に興味を持っており、何よりも食べるのが好きだ。食の文化史はこれまで多少かじったことはあるが、かといって食の専門家ではない。ただ、食文化はわたしの研究分野とまったく関係がないわけではない。比較文学・比較文化を専門とする者にとって、食は文化を理解する重要な鍵の一つである。じっさい、いつの時代でも食は文化構造の基層をなしている。海外に行くとき、まっさきに文化の違いを感じさせるのは異国の食物であり食事の習俗である。また、世界史を見ると、戦争や王朝交替などの歴史的な大事件は食糧の争奪、あるいは凶作や飢饉などが原因で起きた場合も少なくない。

文学と文化の関係について考えるとき、食文化は興味深い参考軸になる。『左伝』『史記』、あるいは白楽天の詩に見られるように、古代の食文化はほとんどの場合、詩や小説あるいは史書に描かれている。むろん、食は日々口にするもので、書物に記されたのは多くの場合、記憶としての食である。その意味では、文学に描かれた食は事実とある程度の距離があるかもしれない。一方、食文化が文学に描かれた食物によって影響を受ける場合も少なくない。魯迅は『村芝居』という作品のなかで、子供のころ食べた塩茹でのそら豆の美味しさを描いたために、この忘れ去られた庶民料理はいまも一部の小料理店のメニューに残っている。詩文と飲食のそうした興味深い関係は、わたしの食文化に対する関心の原点であったかもしれない。

梁実秋は『雅舎談吃』という本を書いたことがある。彼は中国の近代文学者で、多く詩作や翻訳、文学評論を著した。北京大学教授などを経て、一九四九年に国民党政権とともに台湾に渡った。そのため、長いあいだ梁実秋は大陸で悪者扱いされていた。中学生の頃、魯迅が梁実秋を批判する文章でその名前を知っただけであったが、改革開放政策が実施されたあと、梁実秋の著書はようやく解禁された。『雅舎談吃』はそのうちの一つ。一読して、わたしはすっかり彼のファンになった。饅頭、漬け物、豆腐や野菜など、日常よく口にする食物でも、彼の手にかかると、たちまち食欲をそそる料理になる。文章は簡潔ながら、上品で情趣に富んでいる。いつかこんな食の随筆を書きたいと思っていた。むろん、わたしは梁実秋のような名文は書けない。ただ、梁実秋の顰《ひそみ》に習いたい気持ちはいつも心のどこかにあった。

この本に収められた文章は発表時からだいぶ月日が経ったものもある。ここ十数年来、中国の食文化はかつてないほどの大変化が起きており、当初書いたことがすでに実状に合わなくなったところもある。そうした部分については現状に合わせて若干加筆した。また、掲載時に紙幅の制限で割愛した部分は、今回の単行本収録に際して復活させた。初出については巻末の一覧をご参照いただきたい。

拙稿の執筆中にさまざまな方にお世話になった。この場を借りて厚く御礼申し上げる。皆さんのお力添えがなかったら、本書も生まれなかったであろう。

刊行に際して、川崎万里さん、川村伸秀さん、バジリコの足立恵美さんにお世話になった。最初は川崎さんにご相談いただいたが、実際の編集作業は川村伸秀さんの手を煩わせることになった。川村さんは拙稿を丁寧にお読みの上、焦点が散漫になりがちな文章を手際よく六つのトピックスに仕分け、各章の扉には面白い図版を見つけて下さった。その間、あいにく在外研究のために渡米したが、おかげさまで海を隔てた共同作業は順調に進むことができた。ありがとうございました。

二〇〇八年五月、樹木が鬱蒼としたCarlisleにて

張　競

豆腐の落とし穴　『ワールドプラザ』1996年4月号
しんどい通過儀礼　『ワールドプラザ』1996年6月号
断りたい祝福　『ワールドプラザ』1996年8月号
花よりラーメン　『ワールドプラザ』1996年10月号

四　酒三題

紹興酒の涙　『山形新聞』1994年2月20日
酒の飲み方　『花も嵐も』1992年3月号
日本酒につばさを　『日本経済新聞』2005年7月27日

五　食から見た中国の歴史

食の恨み　『現代』1997年2月号
日本風中華ラーメン　『山形新聞』1994年9月18日
啓示的な発見　『日本経済新聞』2005年12月7日
胃袋の適正サイズ　『図書』2001年6月号
宮廷人たちの食卓　『紫禁城の女性たち』展図録　1999年5月
食糧難時代の中華料理　『月刊しにか』2003年12月号
むだのなかに隠された合理性　『Vesta』(No.33) 1999年1月

六　食べるは楽し、作るもまた楽し

日曜コックの楽しみ　『山形新聞』1994年3月27日
焼餅を焼くのもまた楽しからずや　『NHKラジオ中国語講座』2005年5月号
旅の食物、食物の旅　『NHKラジオ中国語講座』2005年7月号
中国の蕎麦の作り方　『NHKラジオ中国語講座』2005年9月号
中国風のおにぎり　『NHKラジオ中国語講座』2005年11月号
「油条」の歴史を追って　『NHKラジオ中国語講座』2006年1月号
食卓をにぎわす魚たち　『NHKラジオ中国語講座』2006年3月号

《初出一覧》 ＊収録に当り、一部タイトルを変更の上、加筆しました。

まえがき　書き下ろし

一　鳳凰を食べる国

蛙の感傷　『山形新聞』1994年6月5日

食ッキングな季節感　『山形新聞』1994年11月27日

環境にやさしい食べ方　『毎日新聞』1997年7月19日

やがて懐かしい蛇の肉　『毎日新聞』1997年12月6日

天然記念物を食べる　『伊勢新聞』1999年1月8日

スッポンは姿蒸しに限る　『ちくま』1997年11月号

子年の叫び声　『アステイオン』1996年3月号

二　食の歳時記

正月――縁起かつぎの食品たち　未発表

元宵――月と明るさ競う灯籠の祭り　『日本と中国』1997年3月5日

清明――草団子に思いを託したことも　『日本と中国』1997年4月5日

立夏――食卓に「鹹鴨蛋」と「酒醸」　『日本と中国』1997年5月5日

端午――名高い「嘉興ちまき」も今は　『日本と中国』1997年6月5日

小暑――初物買いの行列も思い出に　『日本と中国』1997年7月5日

大暑――暑さからの一時の解放求め　『日本と中国』1997年8月5日

七夕――裁縫の上達願う「乞巧」の祭り　『日本と中国』1996年9月5日

重陽――髪には茱萸、酒には菊花を　『日本と中国』1996年10月5日

立秋――秋ナスの俗説　『日本経済新聞』2005年10月19日

寒露――食卓囲み蟹を賞味するひととき　『日本と中国』1996年11月5日

臘日――好みの食材をふんだんに　『日本と中国』1997年1月25日

冬至――いまも日常生活の節目　『日本と中国』1996年12月5日

三　中国・日本・韓国の食卓から

生で食うか炒めて食うか　『ワールドプラザ』1995年9月号

箸の美学と箸の作法　『ワールドプラザ』1996年2月号

張競（ちょう・きょう）プロフィール

一九五三年、上海生まれ。上海の華東師範大学を卒業、同大学助手を経て日本留学。東京大学大学院総合文化研究科比較文学比較文化博士課程修了。東北芸術工科大学助教授、國學院大学助教授を経て、現在、明治大学教授（比較文化学）。主な著作に『恋の中国文明史』（筑摩ライブラリー、一九九三年／ちくま学芸文庫、一九九七年）、『近代中国と「恋愛」の発見』（岩波書店、一九九五年）、『中華料理の文化史』（ちくま新書、一九九七年）、『美女とは何か——日中美人の文化史』（晶文社、二〇〇一年／角川ソフィア文庫、二〇〇七年）、『天翔るシンボルたち——幻想動物の文化誌』（農文協、二〇〇二年）、『文化のオフサイド／ノーサイド』（岩波書店、二〇〇四年）、『アジアを読む』（みすず書房、二〇〇六年）など。『恋の中国文明史』で第45回読売文学賞評論・伝記賞受賞、『近代中国と「恋愛」の発見』で一九九五年度サントリー学芸賞受賞（芸術文学部門）。

中国人の胃袋——日中食文化考

二〇〇八年六月一四日　初版第一刷発行

著　者　張　競（ちょう・きょう）

発行人　長廻健太郎
発行所　バジリコ株式会社
〒一〇三—〇〇二七
東京都中央区日本橋三丁目三番一二号
電　話　〇三—三五一六—八四六七
ＦＡＸ　〇三—三五一六—八四五八
印刷　ワコープラネット
製本　東京美術紙工

ISBN 978-4-86238-098-2
http://www.basilico.co.jp